2026

브랜드 만족 1위

3연속 수석합격 배출

9급 공무원 국어 시험대비

박문각 공무원

예상문제

천기누설 혜선팍 문제훈련 시리즈

혜선 쌤과 제일 쉽고 재밌게 학습하는 공시 논리!

이론 학습 + 102문제 훈련으로 모든 논리 유형 완벽 격파!

오답률 top 5에 속하는 논리까지 이 한 권으로 끝!

박혜선 편저

박혜선 국어
천기누설 혜선팍 논리

동영상 강의 www.pmg.co.kr

이 책에 들어가기 전에

최단기 합격의 절대 공식
수석합격 3년 속 배출의 신화,
박혜선 쌤이 亦功이들을 위해 준비한 최고의 선물
천기누설 혜선팍 논리 추론이 드디어 등장!

안녕하세요 여러분들의 단기 합격을 책임지는 혜선 쌤입니다~^^
2025년에 드디어 출제 기조 변화된 첫 번째 국가직, 지방직 시험이 치러졌습니다.
예상했던 대로 논리추론의 문제는 각각 3문제씩 안배되어 나왔습니다.

사실 논리가 추가된 시험이 처음 치러지다 보니 수험생들 사이에 갑론을박이 많았습니다.
논리추론의 경우 기출 문제라고는 인사처 1차, 2차 샘플밖에 없어
그 샘플만 보고는 "이 정도 샘플이면 다 풀 수 있겠다.
논리를 괜히 어렵게 내는 강사는 굳이 들을 필요 없겠다"라고 하는 수험생들도 있었지요.

저의 경우 ✱논리 기출이 쌓이지 않은 상태에서 인사처 샘플에만 의존하여 문제를 풀다가는
정말 당황스럽고 난감한 상황이 역공이들에게 펼쳐질 수 있겠다고 판단✱하여
✱정말 다양한 유형과 논리 기호식, 난도가 있는 변별력 있는 문제들을
천기누설 논리, 만점 릴레이 적중하프, 국가직·지방직 동형 등에 많이 보여드렸습니다.✱
그리고 그때마다 "혜선 쌤이 내 준 논리가 가끔 어려운 문제들이 있어서 힘들다.
저렇게까지 안 나올 것이다"라고 지레짐작한 수험생들도 있었지요.

하지만....
실제 시험이 치러지고 나니 오답률 톱 5에는 어김없이 논리 유형이 있었으며
수험생들이 걱정했던 부분 즉, **인사처 샘플에 나오지 않은 유형들이 실제로 나오게 되었습니다.**

저와 함께 인사처 샘플에만 의존하지 않고 다양한 유형을 풀었던 역공이들의 경우에는
이번 시험에서 높은 점수를 유지할 수 있었습니다.

2025 국가직 9급

(가)~(다)를 전제로 할 때 빈칸에 들어갈 결론으로 가장 적절한 것은?

(가) 인공일반지능이 만들어지거나 인공지능 산업이 쇠퇴한다.
(나) 인공일반지능이 만들어지면, 인간의 생활이 편리해지는 동시에 많은 사람이 직장을 잃는다.
(다) 인공지능 산업이 쇠퇴하면, 많은 사람이 직장을 잃는 동시에 세계 경제가 침체된다.
    따라서 _____.

① 세계 경제가 침체된다
② 인간의 생활이 편리해진다
③ 많은 사람이 직장을 잃는다
④ 인간의 생활이 편리해지고 세계 경제가 침체된다

천기누설 혜선팍 논리

2025 지방직 9급

다음 글의 밑줄 친 결론을 이끌어 내기 위해 추가해야 할 것은?

> 마라톤을 하는 사람은 모두 식단을 조절하거나 근력 운동을 한다. 근력 운동을 하는 사람은 모두 건강하다. 따라서 <u>마라톤을 하는 사람은 모두 건강하다.</u>

① 건강한 사람은 모두 식단을 조절한다.
② 식단을 조절하는 사람은 모두 건강하다.
③ 식단을 조절하는 사람 중에 근력 운동을 하는 사람은 없다.
④ 식단 조절과 근력 운동을 병행하는 사람 중에 건강하지 않은 사람은 없다.

다음 대화의 (가)에 들어갈 말로 적절한 것은?

> 갑: 공무원은 공직자이고 공직자는 그 직책만으로 국가나 사회에 영향을 미치는 공인이야. 모든 공무원은 공인이니까 공인으로서의 사명감을 가질 의무가 있어. 하지만 공무원이 아닌 사람이라면 그게 누구든 그런 사명감을 가질 의무는 없지.
> 을: 모든 사람이 죽는다고 죽는 것들이 모두 사람인 것은 아니잖아. 네가 "공무원이 아닌 모든 사람은 공인으로서의 사명감을 가질 의무가 없다."라는 주장을 하려면 " (가) "가 참이어야 해.

① 몇몇 공인은 공인으로서의 사명감을 가질 의무가 없다
② 모든 공무원은 공인으로서의 사명감을 가질 의무가 없다
③ 공인으로서의 사명감을 가질 의무가 있는 사람은 모두 공무원이다
④ 공인으로서의 사명감을 가질 의무가 없는 사람은 모두 공무원이 아니다

'반드시 참인 명제 / 빈칸에 들어갈 결론 / 숨겨진 전제 추론 / 필요조건, 충분조건' 등
총 4 유형을 샘플로 보여줬으므로 이 유형에 대한 철저한 문제 훈련과 더불어,
이를 통해 충분히 나올 수 있는 논리 추론 신유형까지 이 교재에서 철저하게 대비할 예정입니다.

★ 이 책은 독학이 가능하도록 논리 기호를 한땀 한땀 혜선 쌤이 남겨 드렸지만,
★ 강의를 들으시는 것이 독학보다 느린 것 같지만 훨씬 빠른 길입니다.
  해설보다 혜선 쌤 강의가 훨씬 더 야매 꼼수가 가득 들어 있어 유익하실 거예요!

강의에 혜선 쌤이 연구한 결과 써먹을 수 있는 야매꼼수를 곳곳에 전수해 드릴 예정이며
혼자서도 문제 훈련을 하실 수 있도록 각개전투, 자양 강장제 등의 문제 훈련 섹션도 두었습니다~^^

한 명도 빠짐없이 논리 추론 개념을 이해하실 수 있도록 논박불가 이론 또한 쉽게 교재에 설명해 두었으니
처음 배우는 개념에 대한 불편함만 초반에 잘 참으시고 혜선 쌤 강의를 따라와 주시면
논리 추론을 빠르고 정확하게 만점 받으실 수 있을 겁니다.

2025년 9월 편저자
박혜선 惠旋

이 책의 구성과 특징

논박불가 이론
한 명도 빠짐없이 논리 추론의 개념을 이해시키기 위해 혜선 쌤이 정말 신경 써서 풀어 놓은 논리 추론 이론 섹션입니다. 시중에 나온 논리 추론 교재 중 가장 쉽게 이해할 수 있도록 이론을 수록하였습니다.

논박불가 Pin Point
각 챕터마다 출제 가능한 같은 유형의 문제들을 모아 혜선 쌤의 뇌구조를 직접 보여주는 섹션입니다.

- **논박불가 해설**
  Pin Point 문제의 해설을 왼쪽 페이지에 분리하여 꼼꼼하게 각 선지마다 꼼꼼하게 해설을 해 주고 문제를 풀 때에 해설을 보지 못하게 배치를 하였습니다.

- **논박불가 독학 가능! 기호 논리 시각화**
  혜선 쌤이 한땀 한땀 Pin Point 문제에 나오는 명제들을 기호화하며 풀이 과정의 필기를 따로 해준 독학이 가능한 섹션입니다.

- **혜선 쌤의 야매꼼수**
  Pin Point 문제를 풀 때, 빠르게 풀 수 있는 야매 꼼수와 오답 패턴을 전달해 드리는 섹션입니다.

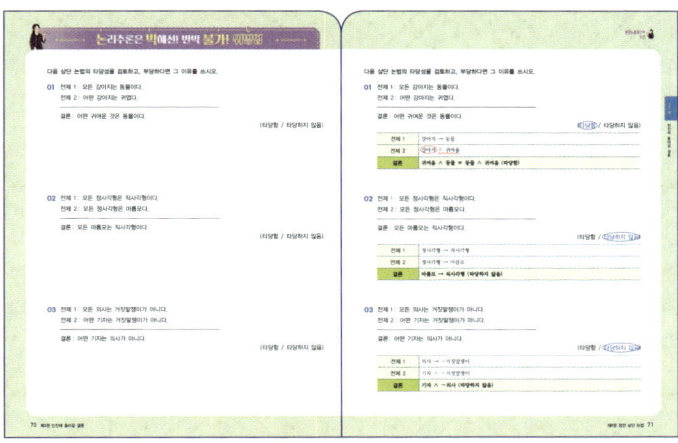

논박불가 워밍업

논박불가 이론을 배운 후에 그 이론을 잘 익혔는지 간단한 워밍업 문제로 적용해 보는 섹션입니다.
학생들의 사고 과정 단계에 맞춰 기존 이론을 더 이해할 수 있도록, 다음 Pin Point 섹션의 문제를 더 잘 풀 수 있도록 연습할 수 있게 하는 섹션입니다.

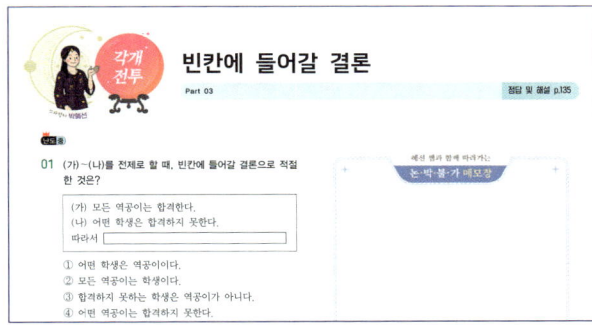

각개 전투

유형별 논리 추론의 파트 중 하나로, 해당 챕터에서 출제될 가능성이 큰 문제들을 모아 집중적으로 훈련할 수 있게 합니다.

● 혜선 쌤과 함께 따라가는 논박불가 메모장
문제 오른 편에 메모장의 여백을 둠으로써 강의를 들을 때 혜선 쌤과 함께 논리 기호화하며 문제를 풀 수 있는 섹션입니다.

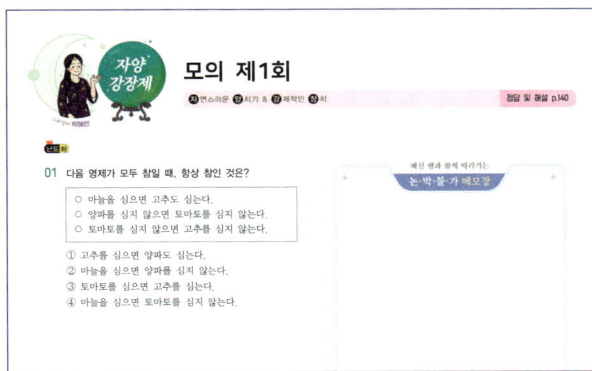

자양강장제 (자연스러운 양치기, 강제적인 장치)

반드시 참인 명제, 빈칸에 들어갈 결론, 숨겨진 전제 추론, 필요·충분조건 등 논리 추론 영역으로 나올 확률이 큰 문제들을 섞어서 실제 시험 모의 훈련을 양치기로 훈련할 수 있게 합니다.

REVIEW

亦功 박혜선 국어 수강 후기

노베이스 초짜도 100% 마스터! 책만으로는 얻을 수 없는 특급 '야매꼼수' 강의!!!

'이 이상 더 많은 유형이 나올 수는 없다' 싶을 정도로 혜선 쌤이 저희를 위해 웬만한 유형 빵꾸 안 나게 전부 연습시키겠다는 강한 의지가 들어간 교재라고 생각합니다. 그리고 이 강의에서 제일 좋은 점은 뭐니뭐니해도 책만 가지고 공부해서는 얻을 수 없는 특급 '야매꼼수'라고 생각합니다. 110분이라는 제한시간 속 시간을 들여야 하는 과목과 파트가 얼마나 많은데 논리추론에만 길게 시간을 쓸 수 있겠습니까. 노베이스도 무조건 100% 이해하고 얻어갈 수 있는 야매꼼수가 문제 푸는 시간도 훨씬 단축시켜주면서, 정답도 쏙쏙 다 맞히면서, 논리 추론에 대한 부담감도 덜 수 있게 해주니 이거야말로 최대의 장점이라고 생각합니다. 덕분에 새로 추가된 일일 모의고사 논리추론 문제들도 난이도가 생각보다 어려웠던 것 같은데 문제없이 다 맞출 수 있었습니다! 야매꼼수 최고ㅠㅠ

nan

함정 포인트를 짚어주신 부분이 실제 시험에서 그대로 적용되어 만점을 받았어요!

안녕하세요! 저는 혜선 쌤의 천기누설 혜선팍 논리추론 수업을 수강했는데, 덕분에 국어 100 받았습니다. 논리 문제를 처음 배우는 입장에서 어려운 개념을 쉽게 풀어주는 설명 방식 덕분에 시험장에서 큰 도움이 되었습니다. 수업에서는 단순 암기보다 이해 중심으로 내용을 정리해주셔서 문제를 변형해서 나와도 당황하지 않고 풀 수 있었습니다. 특히 기출문제 분석을 통해 자주 나오는 유형과 함정 포인트를 짚어주신 부분이 실제 시험에서 그대로 적용되어 고득점을 받을 수 있었습니다. 혜선 쌤 수업의 가장 큰 매력은 친근하면서도 체계적인 강의 흐름입니다. 수업 중간중간에 나오는 생활 속 예시와 기억에 오래 남는 암기 팁 덕분에 공부가 덜 지루했고, 복습할 때도 훨씬 수월했습니다. 저는 특히 시험 준비 기간이 짧은 분들이나 기초가 부족하다고 느끼는 분들께 이 수업을 강력 추천합니다.

김*성

혜선 쌤의 논리추론 강의는 다른 어떤 강좌보다 뛰어난 강의였습니다.

국어 과목에 처음 논리 영역이 들어온다고 했을 때 막막함과 두려움이 가득했는데요. 혜선 쌤의 논리추론 강의는 그러한 저에게 빛과 같았습니다☺ 일단 제가 이 강좌를 추천하는 첫 번째 이유는 교재 때문입니다. 사실 강좌를 보지 않고도, 책으로 독학해도 될 정도로 정말 자세하게 혜선 쌤이 풀이해놓으셔서 정말 좋았습니다. 두 번째는 혜선 쌤의 자세한 설명 때문입니다.
초등학생이 들어도 이해가 될 정도로 정말 쉽고 자세하게 설명해주십니다. 세 번째는 혜선 쌤의 통통 튀는 수업 분위기 때문입니다. 처음 수업을 들었을 때는 막막하다는 생각이 강했습니다. 하지만 수업 중간 중간 혜선 쌤의 말씀들, 특히 '누구나 처음은 어렵다, 난이도가 높은 문제였다' 등을 얘기해주시면서 항상 학생들을 살펴 주셔서 더 자신감을 갖고 공부할 수 있었습니다.

네잎클로버

문제가 빠르게 잘 풀리니 너무 재밌어요. 얇지만 모든 경우의 수를 모두 포함한 교재!

우선 세부 파트만 집중적으로 뚜까 패는 강의다 보니 전체 유형을 다루는 강의보다 자세한 해석과 설명이 들어간 강의라 너무 좋았습니다. 해석 풀이를 들어도 엥? 했던 적이 많았는데, 이 강의는 자세한 해석을 해주셔서 대부분 바로 "왜 틀렸지?"에 대한 캐치가 가능했고 그 다음 회차 강의에서 전 회차 때 질문이 많이 들어온 문제도 다시 찝어주셔서 재회독이 가능해 좋았습니다. 중요한 건 어렵다고만 생각했던 논리추론 파트를 이 강의를 통해 정말 쉽게 접근이 가능했고, 선생님이 가르쳐준 대로만 풀이를 하니… 문제 조차 못 풀었던 유형도 쉽게 풀리는게 너무 재밌었습니다. 야매꼼수가 너무 잘 먹혀서… 논리추론 문제 풀이할 때 걸리는 시간도 눈에 띄게 단축되었어요. 그리고 교재도 만족스러웠습니다. 얇은 것도 장점이지만, 더 장점은 그 얇은 교재에 주옥같은 문제들이 꽉 들어차 있는 것이 정말 좋더라구요. 아직 공부하는 입장이지만 논리추론으로 낼 수 있는 유형의 문제가 다 들어가 있는 교재 같습니다.

xquiz0

책을 정말 잘 쓰시는 혜선 쌤. 강의력 최고.

박혜선 교수님이 잘 가르친다고 생각하는 이유는 3가지 정도 있습니다.
첫 번째, 책을 정말 잘 쓰신다고 생각합니다. 8월부터 해서 책을 교수님팀과 함께 쓰시고 강의를 해나가시는데 문제를 많이 요하는 파트와 개념 정리를 많이 요하는 파트가 있는데 이러한 포인트들을 잘 파악하시고 알맞게 책을 잘 만드십니다. 이번 논리추론도 개념은 생각보다 많지 않지만 손에 익을 정도로 문제를 많이 풀어보는 것이 중요한 파트인데 개념을 설명하는 중간중간에도 문제를 많이 들어있어서 충분히 연습할 수 있고 마지막에 모의를 7개가 들어 있어서 충분한 학습이 가능합니다.
두 번째는 강의력입니다. 처음 강의를 들으면 '뮤지컬을 하시나'라는 착각이 들 정도로 소리도 지르시고 갑자기 노래도 부르시고 율동도 하셔서 당황할 수도 있습니다. 하지만 이러한 행위들이 주변을 환기하고 집중해서 강의를 끝까지 들을 수 있는 힘을 줍니다. 또한 강의도 이런 것까지 짚고 가나 싶을 정도로 개념을 세세하게 집어주시고 문제도 하나하나 세세하게 풀어주셔서 이해하기 쉽습니다. 그리고 수업이 끝나면 몇 분이 걸리든 질문을 다 받아주셔서 전부 다 이해하고 돌아갈 수 있습니다.
세 번째는 복습 관리입니다. 학교에 다닐 때는 숙제를 안 해오면 선생님이 훈계가 무섭거나 주변 친구들에게 부끄러움이 생기는 등 강제성이 생겨서 꼭 해가야겠다는 마음이 생깁니다. 하지만 성인이 되고 공부를 하다 보면 아무도 강제성을 부여하지 않으니 다음에 하자 다음에 하자면서 미루게 됩니다. 박혜선 교수님 수업은 이러한 나태한 마음을 절대로 가만두지 않아서 좋습니다. 수업시간도 사용해서 복습해왔는지 직접 검사하시고 복습을 왜 꼭 해야 하는지 계속해서 말해주셔서 복습을 꼭 하게 됩니다. 초시를 겪으면서 반복이 얼마나 중요한지 깨달은 사람으로서 이러한 관리는 공무원 시험을 준비하는 학생들에게 좋은 관리라고 생각합니다.

김*곤

亦功 박혜선 국어 커리큘럼

수석합격 릴레이 신화, '최단기 합격의 절대 공식'

박혜선 亦功국어 ♥ 2026년 만점 릴레이 커리큘럼 ♥

초시생을 위한 전체 커리큘럼

단계	강의 제목	수강 대상
1단계 (기초입문)	독해 신유형 공부(독해신공) 시작! 초보자들의 능력 up	국어가 많이 약한 공시생들 (필수는 아님. 수능 기준 6등급 이하 추천)
2단계 (올인원 필수 개념 완성)	만점 출좋포 만점 출좋포 문제 훈련	★★★ 초시생이라면 기본 이론 강의인 '만점 출좋포'부터 들으시면 됩니다. (재시생이지만 기본부터 닦고 싶다면 '만점 출좋포'부터 들으셔도 됩니다~^^)
3단계 (필수 기출 +예상문제 풀이)	논리추론 천기누설 혜선팍 논리추론 독해 천기누설 혜선팍 독해 시즌1, 2	'만점 출좋포' 완강 후 들으면 되는 각 영역 특화 기출+예상문제 풀이 강의
4단계 (모의고사, 압축 마무리)	족집게 적중 동형 모의고사 족집게 적중 노트	시험 직전 마지막 단계로 실전 동형 모의고사와 시험에 나올 적중 포인트들만 집중적으로 조지는 강의

천기누설 혜선팍 논리

Simple 그 자체, 재시생을 위한 각 영역의 특화 커리큘럼

영역	강의명
신유형 문법 특화	야매꼼수 이론 특화 족집게 문법 40 포인트
신유형 독해 특화	이론+문제 풀이 천기누설 혜선팍 독해
신유형 논리추론 특화	이론+문제 풀이 천기누설 혜선팍 논리추론
신유형 어휘 특화	독해 어휘력 UP! 천기누설 혜선팍 세트형 독해+어휘

감을 놓치지 않게 하는 Daily 문제 풀이

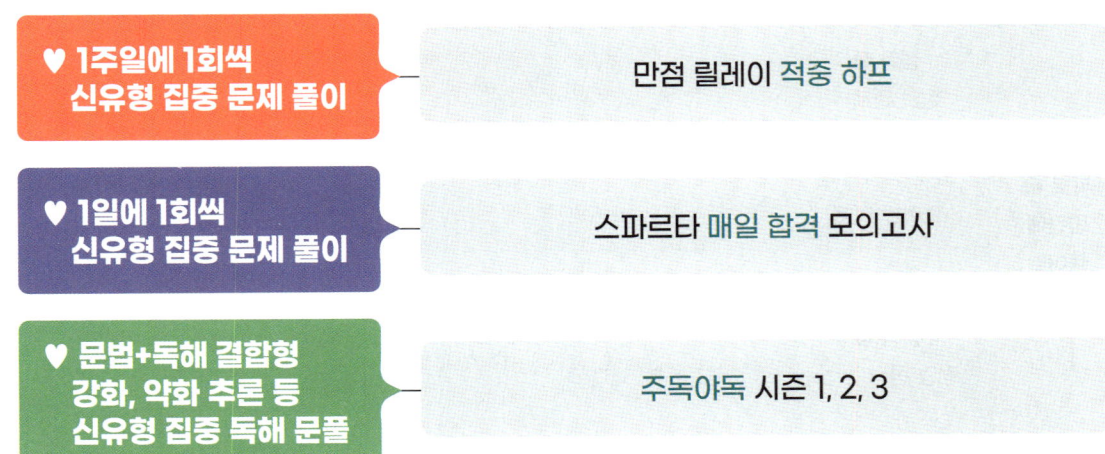

메타인지 논리 숙제 관리

DAY	학습 내용		강의 날짜	회독 횟수	어려웠던 세부 부분
Day 01	파트 ❶ 반드시 참인 명제	챕터 ❶ 진리표	____ / ____	☆☆☆☆	1. 2. 3. 4.
Day 02		챕터 ❷ 동치 규칙	____ / ____	☆☆☆☆	1. 2. 3. 4.
		챕터 ❸ 함축 규칙	____ / ____	☆☆☆☆	1. 2. 3. 4.
Day 03	파트 ❷ 충분조건, 필요조건	챕터 ❹ 충분조건, 필요조건	____ / ____	☆☆☆☆	1. 2. 3. 4.
Day 04	파트 ❸ 빈칸에 들어갈 결론	챕터 ❺ 정언 명제의 4가지 표준 형식과 표준 형식에서 벗어난 명제	____ / ____	☆☆☆☆	1. 2. 3. 4.
Day 05		챕터 ❻ 정언 삼단 논법	____ / ____	☆☆☆☆	1. 2. 3. 4.

DAY	학습 내용		강의 날짜	회독 횟수	어려웠던 세부 부분
Day 06	파트 ❹ 생략된 전제 추론	챕터 ❼ 생략된 전제 추론	____ / ____	☆☆☆☆	1. 2. 3. 4.
Day 07	파트 ❺ 자양강장제 (자연스러운 양치기 & 강제적인 장치)	모의 제1회 모의 제2회	____ / ____	☆☆☆☆	1. 2. 3. 4.
		모의 제3회 모의 제4회	____ / ____	☆☆☆☆	1. 2. 3. 4.
Day 08		모의 제5회 모의 제6회 모의 제7회	____ / ____	☆☆☆☆	1. 2. 3. 4.

이 책의 차례

Part 1 반드시 참인 명제

Chapter 1 진리표 · 16
Chapter 2 동치 규칙 · 20
Chapter 3 함축 규칙 · 24
◆ 각개전투 · 38

Part 2 충분조건, 필요조건

Chapter 4 충분조건, 필요조건 · 44
◆ 각개전투 · 56

Part 3 빈칸에 들어갈 결론

Chapter 5 정언 명제의 4가지 표준 형식과 표준 형식에서 벗어난 명제 · 62
Chapter 6 정언 삼단 논법 · 68
◆ 각개전투 · 80

Part 4 생략된 전제 추론

Chapter 7 생략된 전제 추론 · 84
◆ 각개전투 · 94

Part 5   자양강장제(자연스러운 양치기&강제적인 장치)

모의 제1회	100
모의 제2회	104
모의 제3회	108
모의 제4회	112
모의 제5회	116
모의 제6회	120
모의 제7회	124

✦ 정답 및 해설   130

✦ Chapter 1 진리표

✦ Chapter 2 동치 규칙

✦ Chapter 3 함축 규칙

천기누설 혜선팍 논리

Part 01

반드시 참인 명제

Chapter 01 진리표

Part 01 반드시 참인 명제

반드시 참인 명제 파트에서 기본적으로 꼭 알아야 하는 영역으로 '진리표'가 있습니다.
여러 명제를 연결지어 반드시 참인 결론을 내리기 위해서는
연언문, 선언문, 조건문의 진리조건에 대해 반드시 숙지하고 있어야 합니다.
기본적인 이론이 탄탄하지 않은 채로 다음 챕터로 넘어가게 되면 헤맬 수 있으므로
이 단원에서는 꼭 알아야 하는 논리 기호화 방법, 진리표에 대해
쉽고 콤팩트하게 배워 보도록 합시다~^^

논·박·불·가·이·론

1. 단순 명제 중 꼭 알아야 하는 명제의 논리 기호

기호화	명칭	뜻
p	긍정	p이다(All) — 전칭
~p	부정	p가 아니다(not p) p는 거짓이다.
~(~p)	이중 부정	p이다(All). — 전칭

2. 복합 명제 중 꼭 알아야 하는 명제의 논리 기호

기호화	명칭	뜻
p → q (전칭)	전건 — 충분조건(좁) 후건 — 필요조건(넓) 조건문(단순 함축)	p이면 반드시 q이다. 모든 p는 q이다. p하기 위해서는 q해야 한다. p를 하려면 q해야 한다.
p ≡ q	동치(쌍조건문)	p는 q이기 위한 필요충분조건이다. p를 하려면 q해야 한다.
p ∧ q (특칭)	연언(連言)	어떤 p는 q이다. p 그리고(또한) q p이면서 q이다. p 그러나, 그런데, 그럼에도 불구하고 q
p ∨ q	선언(選言)	p 혹은(이거나, 또는) q

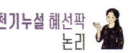

논·박·불·가·이·론   진리표

연언의 진리표(P ∧ Q)

'P 그리고(=그러나) Q'로 표현되는 연언문은 P와 Q 모두가 참이어야지만 P ∧ Q는 참이 된다.
하나라도 거짓이라면 P ∧ Q는 거짓이 된다.

P	Q	P ∧ Q
참	참	참
참	거짓	거짓
거짓	참	거짓
거짓	거짓	거짓

선언의 진리표(P ∨ Q)

'P 거나(또는) Q'로 표현되는 선언문은 P와 Q 둘 중 하나가 참이라면 P ∨ Q는 참이 된다.
P와 Q 둘 다 거짓이면 P ∨ Q는 거짓이 된다.

P	Q	P ∨ Q
참	참	참
참	거짓	참
거짓	참	참
거짓	거짓	거짓

보충자료   선언이 문제에 실질적으로 적용되는 경우

A와 B 중에서 선발에 대한 정보를 기호화하는 방법은 다음과 같다.
❶ 포괄적 선언문 : 둘 다 참임을 허용.
            A와 B 가운데 적어도 하나는 참이다(성립한다). ⇒ A ∨ B ≡ ~A → B ≡ ~B → A
❷ 배타적 선언문 : 둘 중 하나만 참임.
            A와 B 가운데 한 사람만 참이다. ⇒ (A ∧ ~B) ∨ (~A ∧ B)

조건 명제(단순 함축)의 진리표(P → Q)

P이면 반드시 Q이다.
P가 참이고 Q가 거짓일 때에만 P → Q가 거짓이 된다. (실제 세계의 참, 거짓에 대해 생각하면 안 된다. 논리학 내에서 참으로 본다고 받아들여야 한다.) 이를 제외한 나머지 경우에는 모두 참이 된다.

전제(P)	결론(Q)	전체 명제(P → Q)
참	참	참
참	거짓	거짓
거짓	참	참
거짓	거짓	참

논리추론은 박혜선! 반박 불가! 워딩업

특정 명제의 진리표에 따른 진릿값에 ○표 하시오.

01 'P ∧ Q'에서 P가 거짓, Q가 참이면 'P ∧ Q'의 진릿값은? (참 / 거짓 / 판단 불가)

02 '~P ∧ Q'에서 P가 거짓, Q가 거짓이면 '~P ∧ Q'의 진릿값은? (참 / 거짓 / 판단 불가)

03 'P ∧ ~Q'에서 P가 참, Q가 거짓이면 'P ∧ ~Q'의 진릿값은? (참 / 거짓 / 판단 불가)

04 'P ∨ Q'에서 P가 참, Q가 거짓이면 'P ∨ Q'의 진릿값은? (참 / 거짓 / 판단 불가)

05 'P ∨ Q'에서 P가 거짓, Q가 참이면 'P ∨ Q'의 진릿값은? (참 / 거짓 / 판단 불가)

06 'P ∨ Q'에서 P의 진릿값이 반드시 참이라는 보장이 없고, Q가 거짓이면 'P ∨ Q'의 진릿값은?
(참 / 거짓 / 판단 불가)

07 'P → Q'에서 P가 참, Q가 거짓이면 'P → Q'의 진릿값은? (참 / 거짓 / 판단 불가)

08 'P → Q'에서 P가 거짓, Q가 거짓이면 'P → Q'의 진릿값은? (참 / 거짓 / 판단 불가)

09 'P → Q'에서 P가 거짓, Q가 참이면 'P → Q'의 진릿값은? (참 / 거짓 / 판단 불가)

10 'P → (Q ∧ R)'가 참일 때, P가 참이면, 'Q'의 진릿값은? (참 / 거짓 / 판단 불가)

11 'P → (Q ∨ R)'가 참일 때, P가 참이면, 'Q'의 진릿값은? (참 / 거짓 / 판단 불가)

12 '(P ∧ R) → Q'가 참일 때, P가 참이면, 'Q'의 진릿값은? (참 / 거짓 / 판단 불가)

13 '(P ∨ R) → Q'가 참일 때, P가 참이면, 'Q'의 진릿값은? (참 / 거짓 / 판단 불가)

특정 명제의 진리표에 따른 진릿값에 ○표 하시오.

01 'P ∧ Q'에서 P가 거짓, Q가 참이면 'P ∧ Q'의 진릿값은? (참 / ⓘ거짓 / 판단 불가)
   거짓 And 참 ∴ 진릿값 = 거짓

02 '~P ∧ Q'에서 P가 거짓, Q가 거짓이면 '~P ∧ Q'의 진릿값은? (참 / ⓘ거짓 / 판단 불가)
   ~거짓 ∧ 거짓 ∴ 진릿값 = 거짓
   = 참

03 'P ∧ ~Q'에서 P가 참, Q가 거짓이면 'P ∧ ~Q'의 진릿값은? (ⓘ참 / 거짓 / 판단 불가)
   참 ∧ ~거짓 ∴ 진릿값 = 참
   = 참

04 'P ∨ Q'에서 P가 참, Q가 거짓이면 'P ∨ Q'의 진릿값은? (ⓘ참 / 거짓 / 판단 불가)
   참 or 거짓 ∴ 진릿값 = 참

05 'P ∨ Q'에서 P가 거짓, Q가 참이면 'P ∨ Q'의 진릿값은? (ⓘ참 / 거짓 / 판단 불가)
   거짓 or 참 ∴ 진릿값 = 참

06 'P ∨ Q'에서 P의 진릿값이 반드시 참이라는 보장이 없고, Q가 거짓이면 'P ∨ Q'의 진릿값은?
   판단불가 or 거짓 (참 / 거짓 / ⓘ판단 불가)
   판단불가는 참일 수도 거짓일 수도 있음 ∴ 진릿값 = 판단불가

07 'P → Q'에서 P가 참, Q가 거짓이면 'P → Q'의 진릿값은? (참 / ⓘ거짓 / 판단 불가)
   참 → 거짓 ∴ 진릿값 = 거짓

08 'P → Q'에서 P가 거짓, Q가 거짓이면 'P → Q'의 진릿값은? (ⓘ참 / 거짓 / 판단 불가)
   거짓 → 거짓 ∴ 진릿값 = 참

09 'P → Q'에서 P가 거짓, Q가 참이면 'P → Q'의 진릿값은? (ⓘ참 / 거짓 / 판단 불가)
   거짓 → 참 ∴ 진릿값 = 참

10 'P → (Q ∧ R)'가 참일 때, P가 참이면, 'Q'의 진릿값은? (ⓘ참 / 거짓 / 판단 불가)
   전체가 참   ↳ Q And R도 참 ∴ Q의 진릿값 = 참

11 'P → (Q ∨ R)'가 참일 때, P가 참이면, 'Q'의 진릿값은? (참 / 거짓 / ⓘ판단 불가)
   전체가 참   ↳ Q or R이 참 ∴ Q의 진릿값 = 참인지 거짓인지 판단불가

12 '(P ∧ R) → Q'가 참일 때, P가 참이면, 'Q'의 진릿값은? (참 / 거짓 / ⓘ판단 불가)
   전체가 참   ↳ but R의 진릿값은 판단불가
   ∴ Q의 진릿값 = 참인지 거짓인지 판단불가

13 '(P ∨ R) → Q'가 참일 때, P가 참이면, 'Q'의 진릿값은? (ⓘ참 / 거짓 / 판단 불가)
   전체가 참   ↳ R의 진릿값은 중요하지 않음 P or Q에서 P가 참이므로 넘어갈 수 있음
   ∴ Q의 진릿값 = 참

Chapter 02 동치 규칙

Part 01 반드시 참인 명제

> 반드시 참인 명제 파트에서 기본적으로 꼭 알아야 하는 영역으로 '동치 규칙'이 있습니다.
> 하나의 명제로 논리 기호로 바꾸었을 때에
> 다른 동치의 논리 기호로 바꿀 수 있어야 반드시 참인 결론을 내릴 수 있습니다.
> 따라서 동치 규칙을 여러 명제를 연결지어 반드시 참인 결론을 내리기 위해서는
> 대우 규칙, 단순 함축, 교환 법칙, 이중부정, 드모르간의 법칙 등
> 꼭 알아야 하는 동치 규칙들을 숙지하셔야 합니다.

논·박·불·가·이·론

동치 규칙은 진리표, 함축 규칙과 마찬가지로 논증이 타당한지 알 수 있게 하는 좋은 도구이다.
동치(同値) 규칙(= 대치 규칙)은 하나의 전제를 그것과 동등한 다른 명제로 바꿔서 사용하는 규칙이다.
동치 규칙을 통해 많은 문제가 풀릴 수 있으므로 혜선 쌤이 특히 강조하는 이론이 나오면 집중해야 한다.

① 대우 규칙 [transposition]

: 전건과 후건을 부정한 뒤 순서를 교체하면 동치가 성립되는 규칙이다.

주의 대우 규칙은 조건문에만 적용되는 동치 규칙으로, 연언문과 선언문에는 적용되지 않음에 유의해야 한다.

	동치 관계의 논리 기호	조건 명제의 예시
조건문	$P \rightarrow Q \equiv \sim Q \rightarrow \sim P$	다이어트에 성공했다면 반드시(항상, 무조건) 식단 조절을 잘했다는 것이다. ≡ 다이어트에 성공하려면 식단을 조절해야 한다. ≡ 다이어트에 성공한 것은 식단 조절을 잘했다는 것이다.

주의 조건문에서 '역의 명제, 이의 명제'는 참일 수도 거짓일 수도 있으므로 '판단불가'로 보아야 한다.

'p → q'가 참임을 가정할 때에		
	기호화	참의 여부
역의 관계	$q \rightarrow p$	반드시 참이라고 보기는 어렵다.
이의 관계	$\sim p \rightarrow \sim q$	반드시 참이라고 보기는 어렵다.

❷ 단순 함축[material implication]

: 조건문 'P → Q'를 '~P ∨ Q'으로 표현한 것을 단순 함축(실질 함축)이라고 한다.

주의 단순 함축은 조건문과 선언문에서만 적용될 수 있다.

	동치 관계의 논리 기호	
선언문을 조건문으로 바꾸기	1) P ∨ Q ≡ ❶_____	
	2) P ∨ ~Q ≡ ❷_____	
	3) ~P ∨ Q ≡ ❸_____	
	4) ~P ∨ ~Q ≡ ❹_____	

❸ 쌍조건문[material equivalence](단순 동치)

: 두 명제가 서로 같은 값을 가질 때 참인 경우이다.

동치 관계의 논리 기호
P ↔ Q
≡ (P → Q) ∧ (Q → P)
≡ (~P ∨ Q) ∧ (~Q ∨ P)

❹ 교환 법칙[commutativity]

: 두 사건은 원인과 결과나 선후 관계를 나타내는 것이 아니므로 연언지, 선언지의 순서를 단순히 교체해도 동치를 이룬다.
P ∧ Q와 Q ∧ P는 서로 동치이다.

이러한 교환 법칙은 논리적 결합에서 일이 일어난 순서는 중요하지 않음을 보여 준다.

주의 교환 법칙은 연언문, 선언문에만 적용되며 조건문은 적용되지 않음에 유의해야 한다.
대신 조건문은 대우 관계, 단순 함축이 동치로 적용된다.

동치 관계의 논리 기호		조건 명제의 예시
연언	P ∧ Q ≡ Q ∧ P	1) 운동을 하고 식단 조절을 한다. ≡ 운동을 하면서(하면서도, 하지만) 식단조절을 한다. 2) 어떤(일부) 역공이는 귀엽다. ≡ 역공이이면서(이면서도, 이지만) 귀엽다. ≡ 역공이 중 일부는 귀엽다.
선언	P ∨ Q ≡ Q ∨ P	운동을 하거나 식단 조절을 한다.

정답 ❶ ~P → Q ❷ ~P → ~Q ❸ P → Q ❹ P → ~Q

이중 부정[double negation]

: 이중 부정은 긍정이다.

동치 관계의 논리 기호	조건 명제의 예시
~(~P) ≡ P	오늘은 비가 오지 않는 것이 아니다. ≡ 오늘 비가 온다 그 물건이 비싸지 않다는 것은 거짓이다. ≡ 그 물건은 비싸다. 오늘이 월요일이 아니라는 것은 거짓이다. ≡ 오늘은 월요일이다.

 ## 드모르간 법칙[De Morgan's rule]

: ~(부정)이 뒤의 것들을 모두 반대로 뒤집는 법칙이다.

보통 명제 자체에서 드모르간의 법칙을 적용해야 하거나 조건문의 대우 관계를 적용할 때에 쓰게 된다.

주의 드모르간 법칙은 연언문, 선언문에만 적용되며 조건문은 적용되지 않음에 유의해야 한다.
'~(P → Q) ≡ ~P ← ~Q' 식으로 조건문에 드모르간의 법칙을 적용하면… 절대 안 된다.
조건문은 아래의 '응용'을 참고하여야 한다.

조건 명제의 예시	동치 관계의 논리 기호
모든 학생들이 합격을 하는 것은 아니다.	~(학생 → 합격) ≡ ❶_____ ≡ ❷_____
국어를 잘하고 수학을 못하는 사람 / 은 존재하지 않다. (= 국어를 잘하고 수학을 못하는 사람은 없다)	~(국어 ∧ ~수학) ≡ ❸_____ ≡ ❹_____
다이어트 성공을 하려면 운동을 하고 식단을 조절해야 한다.	성공 → (운동 ∧ 식단) ≡ ❺_____ ≡ ❻_____

강화의 법칙

: 'M → (P ∧ Q)'에서 (P ∧ Q)는 P와 Q가 동시에 참이라는 조건이다.

따라서, M → (P ∧ Q)가 참이라면 M → P, M → Q도 당연히 참이 된다.

동치 관계의 논리 기호	조건 명제의 예시
M → (P ∧ Q)가 참이라면 M → P, M → Q도 당연히 참	'다이어트 성공을 하려면 운동을 하고 식단을 조절해야 한다.'가 참이라면 '다이어트 성공을 하려면 운동을 해야 한다.'와 '다이어트 성공을 하려면 식단을 조절해야 한다.'도 당연히 참

주의 동치가 아닌 경우

조건 명제의 예시	조건 명제의 예시
(P ∧ Q) → M가 참이어도 P → M, Q → M은 참이라고 보기 어렵다.(판단 불가)	'불이 켜지고 전원이 연결되면 장비가 작동한다.'가 참이어도 '불이 켜지면 장비가 작동한다.'와 '전원이 연결되면 장비가 작동한다.'는 참이라고 보기 어렵다. (판단 불가)

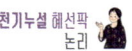

8. 수출입 법칙[exportation]

: 수출 법칙은 전건의 연언지를 후건으로 보내 조건부 주장을 하는 규칙이다. 수입 법칙은 수출 법칙과 동치이다.

동치 관계의 논리 기호		조건 명제의 예시
수출 법칙	$(P \land Q) \rightarrow R \equiv P \rightarrow (Q \rightarrow R)$	네가 열심히 공부하고 숙제를 다 하면, 시험에 합격할 것이다. ≡ 네가 열심히 공부했고, 숙제를 다 했을 때 시험에 합격할 것이다.
수입 법칙	$P \rightarrow (Q \rightarrow R) \equiv (P \land Q) \rightarrow R$	네가 열심히 공부하면, 숙제를 다 했을 때 시험에 합격할 것이다. ≡ 네가 열심히 공부하고 숙제를 다 하면, 시험에 합격할 것이다.

9. 결합 법칙[associativity]

: 아예 연언이거나 아예 선언이라면 괄호로 어떻게 묶든 진릿값이 동일하다는 규칙이다.

동치 관계의 논리 기호		조건 명제의 예시
연언	$(P \land Q) \land R \equiv P \land (Q \land R)$	(나는 공부를 하고 숙제를 끝내고) 그리고 시험 준비를 한다. ≡ 나는 공부를 하고 그리고 (숙제를 끝내고 시험 준비를 한다.)
선언	$(P \lor Q) \lor R \equiv P \lor (Q \lor R)$	(나는 영화를 보거나 책을 읽거나) 또는 산책을 한다. ≡ 나는 영화를 보거나 또는 (책을 읽거나 산책을 한다.)

10. 분배 법칙[distribution]

: 연언과 선언이 섞여 있는 경우에 나타나는 규칙이다.
 분배 법칙은 논리식을 단순화하거나 해석을 용이하게 하기 위해 사용되는 규칙이다.

1. 논리곱(And)이 논리합(Or)으로 분배되는 경우

: P가 Q와 R 각각에 대해 논리곱을 수행한 후, 그 결과를 논리합으로 묶는 형태

동치 관계의 논리 기호	조건 명제의 예시
$P \land (Q \lor R) \equiv (P \land Q) \lor (P \land R)$	나는 운동을 하고, (달리기를 하거나 수영을 한다). ≡ (나는 운동을 하고 달리기를 한다) 또는 (나는 운동을 하고 수영을 한다).

2. 논리합(Or)이 논리곱(And)으로 분배되는 경우

: P가 Q와 R 각각에 대해 논리합을 수행한 후, 그 결과를 논리곱으로 묶는 형태

동치 관계의 논리 기호	조건 명제의 예시
$P \lor (Q \land R) \equiv (P \lor Q) \land (P \lor R)$	나는 영화를 보거나, (집에 있고 저녁을 먹는다). ≡ (나는 영화를 보거나 집에 있다) 그리고 (나는 영화를 보거나 저녁을 먹는다).

정답 ❶ ~(~학생 ∨ 합격) ❷ 학생 ∧ ~합격 ❸ ~국어 ∨ 수학 ❹ 국어 → 수학 ❺ ~(운동 ∧ 식단) → ~성공 ❻ (~운동 ∨ ~식단) → ~성공

Chapter 03 함축 규칙

Part 01 반드시 참인 명제

> 반드시 참인 명제 파트에서 기본적으로 꼭 알아야 하는 영역으로 '함축 규칙'이 있습니다.
> 반드시 참인 명제, 빈칸에 들어갈 결론이나 생략된 전제 추론 유형 등
> 다양한 논리 유형에 적용되는 함축 규칙이므로 반드시 알고 계셔야 합니다.

논·박·불·가 이론

함축 규칙은 진리표와 마찬가지로 논증이 타당한지 알 수 있게 하는 좋은 도구이다.
함축 규칙은 여러 참인 전제들을 통해 함축되어 있던 결론을 도출해내는 규칙을 의미한다.

◆1 전건 긍정식(제거)[modus ponens]

: 참인 조건문이 있을 때, <mark>전건이 참이면 후건도 참</mark>이라는 결론을 도출하는 규칙이다.

전제가 참	P → Q	건강하면 숙면을 취한 것이다.
	P	건강하다.
결론	Q	∴ 숙면을 취한 것이다.

 후건 긍정의 오류

다만, 이때 후건을 긍정한다고 해서 반드시 참인 결론을 도출할 수는 없다.
(역의 관계는 반드시 참이라고 볼 수 없다.)

전제가 참	P → Q	건강하면 숙면을 취한 것이다.
	Q	숙면을 취하였다.
결론	P	∴ 건강하다. (판단 불가)

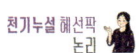

◆ 후건 부정식 [modus tollens]

: 참인 조건문이 있을 때, <mark>후건을 부정하면 전건의 부정도 참</mark>이라는 결론을 도출하는 규칙이다.
  (대우 관계를 떠올리면 더 쉽다.)

전제가 참	P → Q	건강하면 숙면을 취한 것이다.
	~ Q	숙면을 취하지 못했다.
결론	~ P	∴ 건강하지 않을 것이다.

`주의` 전건 부정의 오류

다만, 이때, 전건을 부정한다고 해서 반드시 참인 결론을 도출할 수는 없다.
(이의 관계는 반드시 참이라고 볼 수 없다.)

전제가 참	P → Q	건강하면 숙면을 취한 것이다.
	~ P	건강하지 않다.
결론	~ Q	∴ 숙면을 취하지 못했을 것이다. (판단 불가)

 가언 삼단 논법 [hypothetical syllogism]

: <mark>조건문을 연쇄적으로 이어 반드시 참인 결론을 도출</mark>하는 규칙이다.

전제가 참	P → Q	건강하면 숙면을 취한 것이다.
	Q → R	숙면을 취했다면, 피부가 좋아진다.
결론	P → R	∴ 건강하면 피부가 좋아진다.

 연언지 단순화 (제거) [simplification]

: 연언문 'P ∧ Q'가 참이라면 각각 <mark>P와 Q 모두 참</mark>이라는 결론을 도출하는 규칙이다.

전제가 참	P ∧ Q	그는 운동을 하고 식단 조절을 한다.
	P도 참	그는 운동을 한다.
결론	Q도 참	∴ 그는 식단 조절을 한다.

연언화 (도입) [conjunction]

: 두 개의 참인 명제를 연결하여 참인 복합 명제를 결론으로 도출하는 규칙이다.
참인 복합 명제를 결론으로 도출하기 위해서는 반드시 'P'와 'Q' 모두가 참이어야만 한다.

전제가 참	P	역공녀는 카피바라를 닮았다.
	Q	역공녀는 쿼카를 닮았다.
결론	P ∧ Q	∴ 역공녀는 카피바라를 닮았고 쿼카를 닮았다.

 ### 선언적 삼단 논법 (선언지 제거법) [disjunctive syllogism]

: 두 개의 전제 중 하나가 부정되어 나머지 하나가 참이라는 결론을 도출하는 규칙이다.
따라서 선언문의 경우에는 하나의 전제가 부정될 때 의미가 있다.

전제가 참	P ∨ Q	민수가 회의에 참석하거나 철수가 회의에 참석한다.
	~P	철수가 회의에 참석하지 않는다.
결론	Q	∴ 민수가 회의에 참석한다.

주의 **선언지 긍정의 오류**
다만, 논증에서 쓰이는 선언문은 포괄적 선언문이기 때문에, 선언지 중 하나를 긍정한다고 해서 나머지가 부정되지는 않는다.

전제가 참	P ∨ Q	민수가 회의에 참석하거나 철수가 회의에 참석한다.
	P	민수가 회의에 참석한다.
결론	~Q	∴ 철수가 회의에 참석하지 않는다. (판단 불가)

 ### 선언지 첨가법 [addition]

: 참인 전제에 다른 명제를 첨가하여 '선언'으로 연결하여 참인 결론을 도출하는 규칙이다.
선언으로 연결하였기 때문에 둘 중 하나만 참이면 되므로 다른 명제를 첨가해도 참이 된다.

전제가 참	P	역공녀는 쿼카를 닮았다.
결론	P ∨ Q	∴ 역공녀는 쿼카를 닮거나 수지를 닮았다.

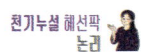

8 단순 양도 논법[dilemma]

: 2개의 전건 긍정식이 연결된 형태로, P와 Q 중 적어도 하나는 참이므로 R이 참인 결론을 도출하는 규칙이다.

전제가 참	P ∨ Q	민수가 회의에 참석하거나 철수가 회의에 참석한다.
	P → R	민수가 회의에 참석하면 프로젝트가 성공한다.
	Q → R	철수가 회의에 참석하면 프로젝트가 성공한다.
결론	R	∴ 프로젝트가 성공한다.

 파괴적 양도 논법

다만, 논증에서 쓰이는 선언문은 포괄적 선언문이기 때문에, 선언지 중 하나를 긍정한다고 해서 나머지가 부정되지는 않는다.

전제가 참	~P ∨ ~Q	민수가 회의에 참석하지 않거나, 철수가 회의에 참석하지 않는다.
	R → P	프로젝트가 성공했다는 것은 민수가 회의에 참석했다는 것이다.
	S → Q	발표 날짜가 연기되었다는 것은 철수가 회의에 참석했다는 것이다.
결론	~R ∨ ~S	∴ 프로젝트가 성공하지 않거나 발표 날짜가 연기되지 않았다.

9 흡수 규칙[absorption]

: 조건문이 참이라면 전건에 후건을 연이어도 참인 결론을 도출하는 규칙이다.

전제가 참	P → Q	불을 켜면, 방이 밝아진다.
결론	P → (P ∧ Q)	∴ 불을 켜면, 불이 켜져 있고 방이 밝아진다.

논리추론은 박혜선! 반박 불가! 워멍업

전제와 결론을 분리하여 결론이 타당한지, 타당하지 않은지 ○표 하시오.

01 휴대폰을 충전했더라면 전원이 꺼지지 않았을 것이다.
그러나 전원이 꺼졌으므로 충전을 하지 않았음이 틀림없다. (타당하다 / 타당하지 않다)

02 만약 지훈이가 꾸준히 운동을 한다면, 지훈이는 건강할 것이다.
따라서 지훈이가 건강하다면 지훈이는 꾸준히 운동을 했을 것이다. (타당하다 / 타당하지 않다)

03 요리사가 재료를 신선하게 준비하지 않거나 간을 맞추지 않으면 음식은 맛이 없을 것이다.
그러나 음식이 맛있었으므로, 요리사는 간을 잘 맞췄다. (타당하다 / 타당하지 않다)

04 면접을 철저히 준비하면 면접이 잘 된다. 왜냐하면 면접을 철저히 준비하면 자신감이 생기기 때문이다.
또한 자신감이 생기면 면접이 잘 된다. (타당하다 / 타당하지 않다)

05 연습을 많이 하면 피아노 연주를 잘 할 수 있을 것이다.
그런데 나는 연습을 많이 하지 않았으니 연주를 잘하지 못할 것이다. (타당하다 / 타당하지 않다)

06 오늘은 회의가 있다.
따라서 오늘은 회의가 있거나 회식일 것이다. (타당하다 / 타당하지 않다)

07 오늘은 비가 오고 바람이 분다.
따라서 오늘은 비가 온다. (타당하다 / 타당하지 않다)

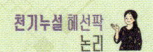

전제와 결론을 분리하여 결론이 타당한지, 타당하지 않은지 ○표 하시오.

01 휴대폰을 충전했더라면 전원이 꺼지지 않았을 것이다.
그러나 전원이 꺼졌으므로 충전을 하지 않았음이 틀림없다. (타당하다 / 타당하지 않다)
― 후건 부정식

전제 1	충전 → ~전원 꺼짐 ≡ 전원 꺼짐 → ~충전
전제 2	전원 꺼짐
결론	~충전 (참)

02 만약 지훈이가 꾸준히 운동을 한다면, 지훈이는 건강할 것이다.
따라서 지훈이가 건강하다면 지훈이는 꾸준히 운동을 했을 것이다. (타당하다 / 타당하지 않다)
― 후건 긍정의 오류

전제 1	운동 → 건강
결론	건강 → 운동 (판단 불가)

03 요리사가 재료를 신선하게 준비하지 않거나 간을 맞추지 않으면 음식은 맛이 없을 것이다.
그러나 음식이 맛있었으므로, 요리사는 간을 잘 맞췄다. (타당하다 / 타당하지 않다)
― 후건 부정식

전제 1	(~신선 ∨ ~간) → ~맛있음 ≡ 맛있음 → (신선 ∧ 간)
전제 2	맛있음
결론	간 (참)

04 면접을 철저히 준비하면 면접이 잘 된다. 왜냐하면 면접을 철저히 준비하면 자신감이 생기기 때문이다.
또한 자신감이 생기면 면접이 잘 된다. (타당하다 / 타당하지 않다)
― 가언 삼단 논법

전제 1	준비 → 자신감
전제 2	자신감 → 잘 됨
결론	준비 → 잘 됨 (참)

05 연습을 많이 하면 피아노 연주를 잘 할 수 있을 것이다.
그런데 나는 연습을 많이 하지 않았으니 연주를 잘하지 못할 것이다. (타당하다 / 타당하지 않다)
― 전건 부정의 오류

전제 1	연습 → 연주
전제 2	~연습
결론	~연주 (판단 불가)

06 오늘은 회의가 있다.
따라서 오늘은 회의가 있거나 회식일 것이다. (타당하다 / 타당하지 않다)
― 선언지 첨가

전제 1	회의
결론	회의 ∨ 회식 (참)

07 오늘은 비가 오고 바람이 분다.
따라서 오늘은 비가 온다. (타당하다 / 타당하지 않다)
― 연언지 단순화

전제 1	비 ∧ 바람
결론	비 (참)

전제와 결론을 분리하여 결론이 타당한지, 타당하지 않은지 ◯표 하시오.

08 노트북은 새 키보드로 교체되거나 화면이 수리될 것이다.
    노트북 키보드가 교체되었으므로, 화면은 수리되지 않았다.   (타당하다 / 타당하지 않다)

09 운동 루틴을 미리 짜두면 피로를 줄일 수 있다. 피로를 줄이면 집중력이 향상된다.
    따라서 운동 루틴을 미리 짜두면 집중력이 향상된다.   (타당하다 / 타당하지 않다)

10 충전기가 고장 나거나 와이파이가 끊긴다. 충전기가 고장 나면 파일 전송이 실패한다. 와이파이가 끊기면 파일 전송이 실패한다. 따라서 파일 전송이 실패한다.   (타당하다 / 타당하지 않다)

11 나는 점심으로 샐러드나 파스타를 먹을 것이다. 나는 샐러드를 먹지 않았다.
    따라서 나는 파스타를 먹었다.   (타당하다 / 타당하지 않다)

12 그 프로젝트는 디자인을 개선하거나 기능을 추가할 것이다. 디자인이 개선되었으므로, 기능은 추가되지 않았다.   (타당하다 / 타당하지 않다)

13 이 전시회는 많은 관람객을 끌어모았다. 따라서 이 전시회는 관람객을 끌어모았거나, 열리지 않았다.
                                                                    (타당하다 / 타당하지 않다)

전제와 결론을 분리하여 결론이 타당한지, 타당하지 않은지 ○표 하시오.

08 노트북은 새 키보드로 교체되거나 화면이 수리될 것이다. 노트북 키보드가 교체되었으므로, 화면은 수리되지 않았다. (타당하다 / ~~타당하지 않다~~)

— 선언지 긍정의 오류

전제 1	키보드 ∨ 화면 (≡ ~키보드 → 화면)
전제 2	키보드
결론	~화면 (판단 불가)

09 운동 루틴을 미리 짜두면 피로를 줄일 수 있다. 피로를 줄이면 집중력이 향상된다. 따라서 운동 루틴을 미리 짜두면 집중력이 향상된다. (~~타당하다~~ / 타당하지 않다)

— 가언삼단논법

전제 1	루틴 → 피로 감소
전제 2	피로 감소 → 집중력 향상
결론	루틴 → 집중력 향상 (참)

10 충전기가 고장 나거나 와이파이가 끊긴다. 충전기가 고장 나면 파일 전송이 실패한다. 와이파이가 끊기면 파일 전송이 실패한다. 따라서 파일 전송이 실패한다. (~~타당하다~~ / 타당하지 않다)

— 양도 논법

전제 1	충전기 ∨ 와이파이
전제 2	충전기 → 전송
전제 3	와이파이 → 전송
결론	전송 (참)

11 나는 점심으로 샐러드나 파스타를 먹을 것이다. 나는 샐러드를 먹지 않았다. 따라서 나는 파스타를 먹었다. (~~타당하다~~ / 타당하지 않다)

— 선언 삼단 논법

전제 1	샐러드 ∨ 파스타 (≡ ~샐러드 → 파스타)
전제 2	~샐러드
결론	파스타 (참)

12 그 프로젝트는 디자인을 개선하거나 기능을 추가할 것이다. 디자인이 개선되었으므로, 기능은 추가되지 않았다. (타당하다 / ~~타당하지 않다~~)

— 선언지 긍정의 오류

전제 1	디자인 ∨ 기능 (≡ ~디자인 → 기능)
전제 2	디자인
결론	~기능 (판단 불가)

13 이 전시회는 많은 관람객을 끌어모았다. 따라서 이 전시회는 관람객을 끌어모았거나, 열리지 않았다. (~~타당하다~~ / 타당하지 않다)

— 선언지 첨가

전제 1	관람객
결론	관람객 ∨ 미개최 (참)

논리추론은 박혜선! 반박 불가 pin point

1.

세 번째 명제에 의해 '~커피'이고 이를 첫 번째 명제에 대입하면 '~커피 → (~친구 ∧ ~선생님)'임을 알 수 있다. 이를 통해 '~친구 ∧ ~선생님'을 도출하여 친구도 선생님도 만나지 않았음을 알 수 있다. 두 번째 명제에서 '친구 ∨ 선배'라고 나왔는데 친구를 만나지 않았기 때문에 선배는 무조건 만났음을 알 수 있다.

2.

갑은 '공무원 → 사명감 의무'라는 전제를 제시하면서 '~공무원 → ~사명감 의무'라는 결론을 도출하였다. 그러자 을은 갑의 결론을 듣고는 그런 주장을 하려면 (가)라는 전제가 참이어야 한다고 말하고 있다. ③의 '사명감 의무 → 공무원'은 갑이 말하는 결론인 '~공무원 → ~사명감 의무'의 대우 명제이므로 (가)에 들어갈 전제로 적절하다.

> [오답풀이]
> ①을 기호화하면 '공인 ∧ ~사명감 의무'이다. 하지만 이것으로는 결론인 '~공무원 → ~사명감 의무'를 도출할 수 없다.
> ②을 기호화하면 '공무원 → ~사명감 의무'이다. 하지만 이것으로는 결론인 '~공무원 → ~사명감 의무'를 도출할 수 없다.
> ④을 기호화하면 '~사명감 의무 → ~공무원'이다. 하지만 이것으로는 결론인 '~공무원 → ~사명감 의무'의 역명제이므로 결론을 반드시 참으로 만들 수 없다.

🪶 **정답** 1. ① 2. ③

논박불가 독학 가능! 기호 논리 시각화

 혜선 쌤의 **논리추론 시각화** 1

○ (친구 ∨ 선생님) → 커피
　≡ ~커피 → (~친구 ∧ ~선생님)
○ 친구 ∨ 선배
　거짓　　∴ 참
○ ~커피

 혜선 쌤의 **야매꼼수**

선언의 진리표 잘 해석하기
가장 확실한 전제부터 시작한다!

 혜선 쌤의 **논리추론 시각화** 2

갑 : '공무원 → 사명감 의무'라는 전제로
　　 '~공무원 → ~사명감 의무'라는 결론을 도출
을 : '~공무원 → ~사명감 의무'라는 결론을 내리려면
　　 _____라는 전제가 있어야 함.

 혜선 쌤의 **야매꼼수**

'역, 이, 대우 관계'의 개념을 잘 파악하기

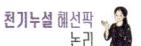

논리추론은 박혜선! 반박 불가 pin point

01 다음 진술이 모두 참일 때 반드시 참인 것은? 2025. 지방직 9급

○ 영희가 친구 혹은 선생님을 만났다면, 영희는 커피를 마셨다.
○ 영희는 친구 혹은 선배를 만났다.
○ 영희는 커피를 마신 적이 없다.

① 영희는 선배를 만났다.
② 영희는 친구를 만났다.
③ 영희는 선생님을 만났다.
④ 영희는 선배와 선생님을 모두 만났다.

02 다음 대화의 (가)에 들어갈 말로 적절한 것은? 2025. 지방직 9급

갑: 공무원은 공직자이고 공직자는 그 직책만으로 국가나 사회에 영향을 미치는 공인이야. 모든 공무원은 공인이니까 공인으로서의 사명감을 가질 의무가 있어. 하지만 공무원이 아닌 사람이라면 그게 누구든 그런 사명감을 가질 의무는 없지.
을: 모든 사람이 죽는다고 죽는 것들이 모두 사람인 것은 아니잖아. 네가 "공무원이 아닌 모든 사람은 공인으로서의 사명감을 가질 의무가 없다."라는 주장을 하려면 " (가) ."가 참이어야 해.

① 몇몇 공인은 공인으로서의 사명감을 가질 의무가 없다
② 모든 공무원은 공인으로서의 사명감을 가질 의무가 없다
③ 공인으로서의 사명감을 가질 의무가 있는 사람은 모두 공무원이다
④ 공인으로서의 사명감을 가질 의무가 없는 사람은 모두 공무원이 아니다

논리추론은 박혜선! 반박 불가 pin point

3.

첫 번째 명제에 의해 '기타 연주 → 노래 부름'이고 세 번째 명제에 의해 '노래 부름 → 드럼 연주'이며 두 번째 명제에 의해 '드럼 연주 → ~춤 추기'이므로 세 명제를 차례대로 연결하면 '기타 연주 → ~춤 추기'가 도출된다. 따라서 기타를 연주하는 사람은 춤을 추지 않는 사람이다.

오답풀이

① '춤을 추지 않는 사람은'으로 시작하는 명제가 없으므로 기타를 연주할지 말지 알 수 없다.
③은 '노래 부름 → 기타 연주'로 첫 번째 명제 '기타 연주 → 노래 부름'의 역명제이다. 따라서 반드시 참인 명제라고 할 수 없다.
④ 두 번째 명제의 대우명제에 의해 '춤 추기 → ~드럼 연주'이고 세 번째 명제의 대우명제에 의해 '~드럼 연주 → ~노래 부름'이므로 두 명제를 연결하면 '춤 추기 → ~노래 부름'이므로 춤을 추는 사람은 노래를 부르지 않는 사람이다.

4.

세 번째 조건의 대우명제에 의해 '수영 → ~배구'이고, 두 번째 조건에 의해 '~배구 → ~농구'이므로 두 명제를 연결하면 '수영 → ~농구'가 도출된다. 따라서 수영을 좋아하는 사람은 농구를 좋아하지 않는다.

오답풀이

①은 '~축구 → ~농구'로 이는 첫 번째 조건 '축구 → 농구'의 이명제이다. 따라서 이 명제의 참, 거짓을 정확하게 판별하는 것은 불가능하다.
② 네 번째 조건에 의해 '~테니스 → 수영'이고 세 번째 조건의 대우명제에 의해 '수영 → ~배구'이며 두 번째 조건에 의해 '~배구 → ~농구'이므로 세 명제를 순서대로 연결하면 '~테니스 → ~농구'가 도출된다. 따라서 테니스를 좋아하지 않는 사람은 농구도 좋아하지 않는다.
③ 첫 번째 조건에 의해 '축구 → 농구'이고 두 번째 조건의 대우명제에 의해 '농구 → 배구'이며 세 번째 명제에 의해 '배구 → ~수영'이므로 세 명제를 순서대로 연결하면 '축구 → ~수영'이 도출된다. 따라서 축구를 좋아하는 사람은 수영을 좋아하지 않는다.

정답 3. ② 4. ④

논박불가 독학 가능! 기호 논리 시각화

 혜선 쌤의 **논리추론 시각화** 3

- 기타 연주 → 노래 부름
  ≡ ~노래 부름 → ~기타 연주
- 드럼 연주 → ~춤 추기
  ≡ 춤 추기 → ~드럼 연주
- 노래 부름 → 드럼 연주
  ≡ ~드럼 연주 → ~노래 부름

 혜선 쌤의 **야매꼼수**

매개항을 잡아버리는 것보다는 바로 선지로 들어가기
①, ④ 반대의 오류
③ 판단 불가의 오류

 혜선 쌤의 **논리추론 시각화** 4

- 축구 → 농구 ≡ ~농구 → ~축구
- ~배구 → ~농구 ≡ 농구 → 배구
- 배구 → ~수영 ≡ 수영 → ~배구
- ~테니스 → 수영 ≡ ~수영 → 테니스

혜선 쌤의 **야매꼼수**

매개항을 잡아버리는 것보다는 바로 선지로 들어가기
① 판단 불가의 오류
②, ③ 반대의 오류

03 다음 명제가 모두 참일 때, 항상 참인 것은?

> ○ 기타를 연주하는 사람은 노래를 부르는 사람이다.
> ○ 드럼을 치는 사람은 춤을 추지 않는 사람이다.
> ○ 노래를 부르는 사람은 드럼을 치는 사람이다.

① 춤을 추지 않는 사람은 기타를 연주하는 사람이다.
② 기타를 연주하는 사람은 춤을 추지 않는 사람이다.
③ 노래를 부르는 사람은 기타를 연주하는 사람이다.
④ 춤을 추는 사람은 노래를 부르는 사람이다.

04 다음 명제가 모두 참일 때, 항상 참인 것은?

> ○ 축구를 좋아하는 사람은 농구도 좋아한다.
> ○ 배구를 좋아하지 않는 사람은 농구도 좋아하지 않는다.
> ○ 배구를 좋아하는 사람은 수영을 좋아하지 않는다.
> ○ 테니스를 좋아하지 않는 사람은 수영을 좋아한다.

① 축구를 좋아하지 않는 사람은 농구도 좋아하지 않는다.
② 테니스를 좋아하지 않는 사람은 농구를 좋아한다.
③ 축구를 좋아하는 사람은 수영도 좋아한다.
④ 수영을 좋아하는 사람은 농구를 좋아하지 않는다.

논리추론은 박혜선! 반박 불가 pin point

5.

조건 1	제주
조건 2 대우명제	제주 → ~전주
결론 1	~전주
조건 3 대우명제	~전주 → (속초 ∨ 강릉)
결론 2	속초 ∨ 강릉
조건 1	제주
조건 4 대우명제	제주 → ~강릉
결론 3	~강릉
결론 2	속초 ∨ 강릉
결론 4	속초

조건 1과 결론 1, 3, 4에 의해 성수가 여행할 지역은 "제주, 속초"이다.

6.

㉣을 이용하여 〈소설〉 책을 읽지 않는 경우와 〈과학〉 책을 읽는 경우로 분류할 수 있다.

(1) 〈소설〉 책을 읽지 않는 경우
㉠의 대우명제에 의해 '역사'가 도출된다. 따라서 이 경우 읽게 되는 책은 〈역사〉이다.

(2) 〈과학〉 책을 읽는 경우
㉡에 의해 '철학 ∧ 시'가 도출되고, 이 경우 '철학'이 만족되므로 ㉢의 대우명제에 의해 '역사'가 도출된다. 따라서 이 경우 읽게 되는 책은 〈과학〉, 〈철학〉, 〈시〉, 〈역사〉이다.

결국 (1)과 (2)에 의해 반드시 읽게 되는 책은 두 경우 모두에서 읽는 〈역사〉이다.

정답 5. ① 6. ②

논박불가 독학 가능! 기호 논리 시각화

혜선 쌤의 논리추론 시각화 5

조건 1: 제주
조건 2: 전주 → ~제주 ≡ 제주 → 전주
조건 3: (~속초 ∧ ~강릉) → 전주
　　　≡ ~전주 → (속초 ∨ 강릉)
　　　　　　　　∴ 참　거짓
조건 4: 강릉 → ~제주 ≡ 제주 → 강릉

혜선 쌤의 야매꼼수

확실한 전제가 가장 가치 있는 전제이다.
선언의 진리치를 사용하기

혜선 쌤의 논리추론 시각화 6

㉠ ~역사 → (소설 ∧ 수필)
　≡ (~소설 ∨ ~수필) → 역사
㉡ 과학 → (철학 ∧ 시)
　≡ (~철학 ∨ ~시) → ~과학
㉢ ~역사 → ~철학 ≡ 철학 → 역사
㉣ ~소설 ∨ 과학

혜선 쌤의 야매꼼수

그나마 확실한 선언부터 시작하기

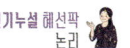

논리추론은 박혜선! 반박 불가 pin point

05 성수는 제주, 속초, 전주, 강릉 중에서 다음 조건에 따라 여행지를 선택할 예정이다. 성수가 선택할 여행지를 모두 고른 것은?

> ○ 성수는 제주에 간다.
> ○ 성수는 전주를 가면 제주에 가지 않는다.
> ○ 성수는 속초와 강릉을 모두 가지 않으면 전주를 간다.
> ○ 성수는 강릉을 가면 제주에 가지 않는다.

① 제주, 속초
② 제주, 속초, 전주
③ 제주, 속초, 강릉
④ 제주, 전주, 강릉

변별력 강화

06 ㉠~㉣이 모두 참일 경우, 반드시 읽게 되는 책 장르는?

> ㉠ <역사> 책을 읽지 않으면 <소설>과 <수필> 책을 읽는다.
> ㉡ <과학> 책을 읽으면 <철학>과 <시> 책을 읽는다.
> ㉢ <역사> 책을 읽지 않으면 <철학> 책을 읽지 않는다.
> ㉣ <소설> 책을 읽지 않거나 <과학> 책을 읽는다.

① <수필>
② <역사>
③ <시>
④ <과학>

반드시 참인 명제

Part 01

정답 및 해설 p.130

01 다음 명제가 모두 참일 때, 항상 참인 것은?

> ○ 월요일에 독서를 하면 화요일에 강의를 듣는다.
> ○ 수요일에 발표를 하지 않으면 화요일에 강의를 듣지 않는다.
> ○ 수요일에 발표를 하면 목요일에 토론을 하지 않는다.
> ○ 목요일에 토론을 하지 않으면 금요일에 실습을 한다.

① 월요일에 독서를 하지 않으면 수요일에 발표를 하지 않는다.
② 금요일에 실습을 하지 않으면 수요일에 발표를 한다.
③ 목요일에 토론을 하면 월요일에 독서를 하지 않는다.
④ 목요일에 토론을 하지 않으면 수요일에 발표를 한다.

02 다음 명제가 모두 참일 때, 항상 참인 것은?

> ○ 피자를 좋아하는 사람은 파스타도 좋아한다.
> ○ 초밥을 좋아하지 않는 사람은 파스타도 좋아하지 않는다.
> ○ 초밥을 좋아하는 사람은 토스트를 좋아하지 않는다.
> ○ 육개장을 좋아하지 않는 사람은 토스트를 좋아한다.

① 피자를 좋아하지 않는 사람은 파스타도 좋아하지 않는다.
② 육개장을 좋아하지 않는 사람은 파스타를 좋아한다.
③ 피자를 좋아하는 사람은 토스트도 좋아한다.
④ 토스트를 좋아하는 사람은 파스타를 좋아하지 않는다.

03 다음 대화의 (가)에 들어갈 말로 적절한 것은?

> 갑 : 심리상담사는 전문가이고, 전문가는 그 자격만으로도 다른 사람에게 심리적 영향을 미치는 중요한 위치에 있어. 모든 심리상담사는 전문가니까 전문가로서의 책임감을 가져야 해. 따라서 전문가로서의 책임감을 가질 필요가 있다면 모두 심리상담사라고 할 수 있겠네.
> 을 : 모든 예술가가 창의적이라고 해서 창의적인 존재가 모두 예술가는 아니잖아. 네가 "전문가로서의 책임감을 가질 필요가 있다면 모두 심리상담사라고 할 수 있겠네."라는 주장을 하려면 "   (가)   ."가 참이어야 해.

① 심리상담사가 아닌 모든 사람은 전문가로서의 책임감을 가질 필요가 없다
② 어떤 심리상담사는 전문가로서의 책임감을 가질 필요가 없다
③ 전문가로서의 책임감을 가질 필요가 없는 사람은 모두 심리상담사다
④ 전문가로서의 책임감을 가질 필요가 있는 어떤 사람은 심리상담사가 아니다

04 대학 본부는 5개의 동아리 A~E 중에서 지원할 동아리를 선정하려고 한다. 다음 진술에 따라 지원한다고 할 때, 대학 본부가 지원할 동아리는?

> ○ A 동아리가 선정되면 B 동아리 또는 C 동아리가 선정되지 않는다.
> ○ B 동아리가 선정되지 않으면 D 동아리도 선정되지 않는다.
> ○ C 동아리가 선정되지 않거나 D 동아리가 선정되지 않으면 E 동아리가 선정된다.
> ○ E 동아리는 지원 기준 미달로 인해 선정되지 않는다.

① A, C
② A, C, D
③ B, D
④ B, C, D

05 학교에서는 학생 A, B, C, D, E 중 어제 무단결석한 학생을 찾고 있다. 수집한 다음 진술이 모두 참이라고 할 때, A~E 중 어제 무단결석한 학생을 모두 고르면?

○ E는 무단결석하지 않았다.
○ A 또는 B가 무단결석했다면 C는 무단결석하지 않았다.
○ A~E 중 3명 이상의 학생이 무단결석하였다.
○ A 또는 D가 무단결석하지 않았다면 E는 무단결석하였다.

① A, D
② B, D
③ A, B, D
④ A, B, C, D

06 ㉠~㉣이 모두 참일 경우, 반드시 감상하는 영화 장르는?

㉠ 〈액션〉 또는 〈코미디〉 영화를 감상하지 않으면 〈드라마〉 영화를 감상하지 않는다.
㉡ 〈스릴러〉 영화를 감상하면 〈로맨스〉와 〈다큐멘터리〉 영화를 감상한다.
㉢ 〈코미디〉 영화를 감상하지 않으면 〈다큐멘터리〉 영화를 감상하지 않는다.
㉣ 〈드라마〉 또는 〈스릴러〉 영화를 감상한다.

① 〈드라마〉
② 〈스릴러〉
③ 〈다큐멘터리〉
④ 〈코미디〉

변별력 강화

07 성호는 소설, 에세이, 만화, 잡지 중에서 다음 조건에 따라 책을 구매할 예정이다. 성호가 구매할 책을 모두 고른 것은?

> ○ 성호는 소설을 구매한다.
> ○ 성호는 에세이와 만화를 모두 구매하지 않으면 소설도 구매하지 않는다.
> ○ 성호는 만화를 구매하면 잡지는 구매하지 않는다.
> ○ 성호는 잡지를 구매하지 않으면 소설도 구매하지 않는다.

① 소설, 에세이
② 소설, 잡지
③ 소설, 에세이, 만화
④ 소설, 에세이, 잡지

변별력 강화

08 (가)~(다)를 전제로 할 때 빈칸에 들어갈 결론으로 가장 적절한 것은?

> (가) 교육용 인공지능(AI) 서비스가 보편화되지 않으면 사교육비가 증가한다.
> (나) 교육용 인공지능 서비스가 보편화되면, 집에서도 개인 맞춤형 학습이 가능해지는 동시에 학원 의존도가 낮아진다.
> (다) 학원 의존도가 낮아지지 않거나 공교육의 질이 향상되면 사교육비가 증가하지 않는다.
> 따라서 _____

① 집에서도 개인 맞춤형 학습이 가능해진다.
② 사교육비가 증가하지 않는다.
③ 공교육의 질이 향상되지 않는다.
④ 학원 의존도가 낮아진다.

Chapter 4 충분조건, 필요조건

천기누설 혜선팍 논리

Part 02

충분조건, 필요조건

Chapter 04 충분조건, 필요조건

Part 02 충분조건, 필요조건

충분조건, 필요조건은 전칭의 조건문에 나타나는 개념인데
이 개념을 이해하는 것이 생각보다 까다롭습니다.
하지만! 혜선 쌤과 함께라면 이 어려운 개념도 쉽게 이해 가능하답니다!
이 개념들은 내용 추론 긍정 유형이나 강화 약화 유형, 빈칸 추론 등
여러 독해 유형에서 출제가 가능하니, 반드시 정확하게 개념을 익히는 것이 필요합니다.
자! 그럼 명확하게 충분조건, 필요조건에 대해 배워 봅시다~^^

논·박·불·가 이론

기호화	명칭	뜻
p → q	전건 - 충분조건(좁) 후건 - 필요조건(넓)	p이면 반드시 q이다. 모든 p는 q이다.

1 충분조건

: 충분조건은 전건이 성립하면 후건이 반드시 참이라는 뜻이다.

충분조건은 'P → Q'로 표현할 수 있는데, 전건 P가 있다면 후건 Q는 반드시 참이라는 것이다.
이때 주의해야 할 점은 Q가 참이라고 해서 P가 참임을 보장할 수는 없다는 것이다.
또한 전건 P가 참이 아니라면 후건 Q는 참일 수도 있고 참이 아닐 수도 있다.

면접에 붙었다면 태도가 좋았던 것이다.
면접은 좋은 태도의 충분조건이다.
면접에 붙기 위해서는 태도가 좋아야 한다.
면접에 붙었다는 것만으로 태도가 좋았음을 알 수 있다.
태도가 좋아야만 면접에 붙을 수 있다.

논리 기호화	면접 → 태도
의미	면접에 붙은 사람들을 인터뷰한 결과, 전부 100% 태도가 좋았음이 드러났다. 하지만 태도가 좋았다고 해서 반드시 면접에 붙는 것은 아니었다. 면접에 붙는 것의 필수 조건에는 태도뿐만 아니라 외모, 분위기, 말투 등이 더 있을 수 있기 때문에 '태도'는 충분조건이 될 수 없다.

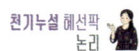

❷ 필요조건

: 필요조건은 충분조건이 성립하기 위해 반드시 필요한 조건, 즉 필수 조건을 의미한다.
  즉, 어떤 일이 일어나기 위해 꼭 있어야 하는 필수적인 조건이므로
  적어도 이 조건이 없으면 결과가 성립할 수 없다는 뜻이다.

면접에 붙었다면 태도가 좋았던 것이다.

좋은 태도는 (면접의) 필요조건이다.

면접에 붙기 위해서는 태도가 좋아야 한다.

면접에 붙었다는 것만으로 태도가 좋았음을 알 수 있다.

태도가 좋아야만 면접에 붙을 수 있다.

논리 기호화	면접 → 태도
의미	좋은 태도는 면접을 붙는 것의 필수 조건이다. 따라서 태도가 좋지 않다면 절대로 면접에 붙을 수 없다. 하지만 태도가 좋았다고 해서 반드시 면접에 붙는 것은 아니었다.

필요충분조건

: 필요충분조건이란 어떤 조건이 다른 조건이 참임을 보장하고,
  동시에 그 반대 조건도 참임이 보장되는 관계를 의미한다.
  즉, 두 조건이 서로를 보장한다는 뜻이다.
  필요충분조건은 'P ↔ Q'로 표현할 수 있는데, 이는 P와 Q가 서로 필요하고 충분함(동치)을 의미한다.

논리추론은 박혜선! 반박 불가! 워맹업

01 다음 문장을 논리적 기호로 표현하시오.

학생증은 도서관 출입의 필요조건이다.	
논리 기호	
충분조건	
필요조건	

02 다음 문장을 논리적 기호로 표현하시오.

정원이 가득 차는 것은 신청 마감의 충분조건이다.	
논리 기호	
충분조건	
필요조건	

03 다음 문장을 논리적 기호로 표현하시오.

영화관 입장하려면 예매 확인증이 필요하다.	
논리적 기호	
충분조건	
필요조건	

04 다음 문장을 논리적 기호로 표현하시오.

집중하려면 주변 환경이 조용해야 한다.	
논리적 기호	
충분조건	
필요조건	

05 다음 문장을 논리적 기호로 표현하시오.

비밀번호를 정확히 입력해야(만) 계정에 로그인할 수 있다.	
논리적 기호	
충분조건	
필요조건	

01 다음 문장을 논리적 기호로 표현하시오.

	학생증은 도서관 출입의 필요조건이다.
논리 기호	출입 → 학생증
충분조건	출입
필요조건	학생증

02 다음 문장을 논리적 기호로 표현하시오.

	정원이 가득 차는 것은 신청 마감의 충분조건이다.
논리 기호	정원 → 신청 마감
충분조건	정원
필요조건	신청 마감

03 다음 문장을 논리적 기호로 표현하시오.

	영화관 입장하려면 예매 확인증이 필요하다.
논리적 기호	입장 → 예매 확인증
충분조건	입장
필요조건	예매 확인증

04 다음 문장을 논리적 기호로 표현하시오.

	집중하려면 주변 환경이 조용해야 한다.
논리적 기호	집중 → 조용
충분조건	집중
필요조건	조용

05 다음 문장을 논리적 기호로 표현하시오.

	비밀번호를 정확히 입력해야(만) 계정에 로그인할 수 있다.
논리적 기호	로그인 → 비밀번호
충분조건	로그인
필요조건	비밀번호

논리추론은 박혜선! 반박 불가 pin point

1.

두 번째 조건에 의해 '우승 → 대회 참가'이고, 첫 번째 조건에 의해 '대회 참가 → 꾸준한 연습'이므로 두 명제를 연결하면 '우승 → 꾸준한 연습'이 성립한다. 따라서 우승을 하기 위해서는 반드시 꾸준히 연습해야 한다.

> **오답풀이**
> ① 명제는 '~우승 → ~대회 참가'로, 두 번째 조건의 이의 명제에 해당한다. 따라서 참, 거짓을 정확하게 판단할 수 없으므로 반드시 참인 명제라고 할 수 없다.
> ② 명제는 '대회 참가 → 우승'이지만 이는 두 번째 조건의 역명제이다. 따라서 참, 거짓을 정확하게 판단할 수 없으므로 반드시 참인 명제라고 할 수 있다.
> ④ 두 번째 조건에 의해 '우승 → 대회 참가', 첫 번째 조건에 의해 '대회 참가 → 꾸준한 연습'이므로, 두 명제를 연결하면 '우승 → 꾸준한 연습'이 성립한다. ④는 '꾸준한 연습 → 우승'으로 표현되는데, 이는 '우승 → 꾸준한 연습'의 역의 명제이므로 참, 거짓을 정확하게 판단할 수 없으므로 반드시 참인 명제라고 할 수 없다.

2.

ㄱ. 1문단에서 '컴퓨터는 결정론적 법칙의 지배를 받는 시스템이라는 것이다'라는 언급이 되어 있으므로 이를 '컴퓨터 → 결정론'이라는 결론을 도출할 수 있다. 이를 통해 두 번째 전제의 '결정론 → ~자유의지'가 연결이 되고 세 번째 전제의 '~자유의지 → ~도덕적 의무'가 연결되어 '컴퓨터 → ~도덕적 의무'라는 결론이 도출된다. 따라서 '컴퓨터 → ~자유의지 → ~도덕적 의무'와 일치하는 ㄱ은 적절하다.

ㄴ. 세 번째 전제의 대우 명제 '도덕적 의무 → 자유의지'와 두 번째 전제의 대우 명제 '자유의지 → ~결정론'이 연결되므로 '도덕적 의무 → ~결정론'이라는 결론을 도출할 수 있다. 따라서 '도덕적 의무 → ~결정론'과 일치하는 ㄴ은 적절하다.

ㄷ. 첫 번째 명제의 대우 명제가 '~다른 선택 → ~자유의지'이다. 따라서 '~다른 선택 → ~자유의지'와 일치하는 ㄷ은 적절하다.

논박불가 독학 가능! 기호 논리 시각화

 혜선 쌤의 **논리추론** 시각화 1

○ 대회 참가 → 꾸준한 연습
○ 우승 → 대회 참가

 혜선 쌤의 **야매꼼수**

명제의 필수 성분만 읽어내기

 혜선 쌤의 **논리추론** 시각화 2

○ 자유의지 → 다른 선택
  ≡ ~다른 선택 → ~자유의지
○ 결정론 → ~자유의지
  ≡ 자유의지 → ~결정론
○ ~자유의지 → ~도덕적 의무
  ≡ 도덕적 의무 → 자유의지

 혜선 쌤의 **야매꼼수**

명제로 볼 수 있는 결정적인 문장들을 접속어나 지시어를 통해 찾아내기

정답 1. ③ 2. ④

논리추론은 박혜선! 반박 불가 pin point

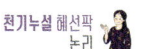

난도 중

01 다음 조건이 모두 참일 때, 반드시 참인 것은?

> ○ 꾸준히 연습하는 것은 대회에 참가하기 위한 필요조건이다.
> ○ 우승하는 것은 대회에 참가하기 위한 충분조건이다.

① 우승하지 않으면 대회에 참가할 수 없다.
② 대회에 참가하려면 우승해야 한다.
③ 우승하려면 반드시 꾸준히 연습해야 한다.
④ 꾸준히 연습했다면 반드시 우승한 것이다.

변별력 강화

02 다음 글에서 추론할 수 있는 것만을 〈보기〉에서 모두 고르면? 2022. 지방직 9급

> 컴퓨터에는 자유의지가 있을까? 나아가 컴퓨터에 도덕적 의무를 귀속시킬 수 있을까? 컴퓨터는 다양한 전기회로로 구성되어 있고, 물리법칙, 프로그래밍 방식, 하드웨어의 속성 등에 따라 필연적으로 특정한 초기 상태로부터 다음 상태로 넘어간다. 마찬가지로 두 번째 상태에서 세 번째 상태로 이동하고, 이러한 과정이 계속해서 이어진다. 즉 컴퓨터는 결정론적 법칙의 지배를 받는 시스템이라는 것이다. 그럼 이러한 시스템에는 자유의지가 있을까?
> 결정론적 법칙의 지배를 받는 시스템의 중요한 특징은 주어진 조건에 따라 결과가 하나로 고정된다는 점이다. 다시 말해, 이러한 시스템에는 항상 하나의 선택지만 있을 뿐이다. 그런 뜻에서 결정론적 지배를 받는다는 것과 자유의지를 가진다는 것은 양립할 수 없음이 분명하다. 어떤 선택을 할 때 그것과 다른 선택을 할 수도 있다는 것은 자유의지의 필요조건이기 때문이다. 결국 결정론적 법칙의 지배를 받는 시스템은 자유의지를 가지지 않는다. 또한 자유의지를 가지지 않는 시스템에 도덕적 의무를 귀속시킬 수 없음은 당연하다.

〈보기〉
ㄱ. 컴퓨터는 자유의지를 가지지 않으며 도덕적 의무의 귀속 대상일 수도 없다.
ㄴ. 도덕적 의무를 귀속시킬 수 있는 시스템은 결정론적 법칙의 지배를 받지 않는다.
ㄷ. 어떤 선택을 할 때 그것과 다른 선택을 할 수 없는 시스템은 자유의지를 가지지 않는다.

① ㄱ, ㄴ
② ㄱ, ㄷ
③ ㄴ, ㄷ
④ ㄱ, ㄴ, ㄷ

논리추론은 박혜선! 반박 불가 pin point

3.

두 번째 조건에 의해 '3시간 이상 → 우수 학생'이고 세 번째 조건에 의해 '우수 학생 → 학업 성취'이므로 두 명제를 연결하면 '3시간 이상 → 학업 성취'이다. 따라서 하루 4시간 공부하는 학생은 모두 학업 성취를 한다.

오답풀이
①, ②는 '독서 → 학업 성취'로 첫 번째 조건의 역명제이다. 따라서 참, 거짓을 정확하게 판단하는 것이 불가능하므로 반드시 참인 명제라 할 수 없다.
④이 참이기 위해서는 '~3시간 이상 → ~우수 학생'이 성립해야 하는데 이 명제는 두 번째 조건의 이명제이다. 따라서 참, 거짓을 정확하게 판단하는 것이 불가능하므로 반드시 참인 명제라 할 수 없다.

4.

(2)에 의해 프로젝트 성공은 실행 전략 변화와 관리 방식 변화의 충분조건이다.

오답풀이
① (1)에 의해 좋은 아이디어는 프로젝트 성공의 충분조건이 아니다.
② (1)과 (2)에 의해 실행 전략 변화는 좋은 아이디어의 필요조건이라고 할 수 없다.
④ (2)에 의해 실행 전략 변화"와" 관리 방식 변화가 프로젝트 성공의 필요조건이다. 이 선지에서 "또는"이라는 표현이 있기 때문에 적절하지 않다.

정답 3. ③ 4. ③

논박불가 독학 가능! 기호 논리 시각화

혜선 쌤의 논리추론 시각화 3

○ 학업 성취 → 독서 ≡ ~독서 → ~학업 성취
○ 3시간 이상 → 우수 학생
  ≡ ~우수 학생 → ~3시간 이상
○ ~(우수 학생 ∧ ~학업 성취)
  ≡ ~우수 학생 ∨ 학업 성취
  ≡ 우수 학생 → 학업 성취

혜선 쌤의 야매꿀수

❶ 명제의 필수 성분만 읽어내기
❷ 표준 명제에서 벗어난 명제를 논리 기호로 바꾸기

혜선 쌤의 논리추론 시각화 4

(1) 좋은 아이디어가 있다고 해서 반드시 프로젝트가 성공하는 것은 아니다.
   ≡ ~(좋은 아이디어 → 프로젝트 성공)
   ≡ 좋은 아이디어는 프로젝트 성공의 충분조건이 아니다.
   ≡ 프로젝트 성공은 좋은 아이디어의 필요조건이 아니다.
(2) 프로젝트 성공을 위해서는 실행 전략과 관리 방식에 모두 변화를 줄 필요가 있다.
   ≡ 성공 → (실행 ∧ 관리)
   ≡ 실행과 관리는 성공의 필요조건이다.
   ≡ 성공은 실행과 관리의 충분조건이다.

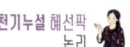

논리추론은 박혜선! 반박 불가 pin point

03 다음 진술이 모두 참일 때, 반드시 참인 것은?

> ○ 충분히 독서를 하는 것은 학업 성취를 위한 필요조건이다.
> ○ 하루에 3시간 이상 공부하는 것은 우수 학생이기 위한 충분조건이다.
> ○ 우수 학생이면서 학업 성취를 하지 못하는 학생은 존재하지 않는다.

① 충분히 독서를 하는 학생은 모두 학업 성취를 한다.
② 충분히 독서를 하기 위해서는 학업 성취를 해야 한다.
③ 하루에 4시간 공부하는 학생은 모두 학업 성취를 한다.
④ 하루에 2시간 공부하는 학생은 모두 우수 학생이 아니다.

04 다음 글에서 추론할 수 있는 것으로 가장 적절한 것은?

> 좋은 아이디어가 있다고 해서 반드시 프로젝트가 성공하는 것은 아니다. 예를 들어, 한 팀장이 혁신적인 아이디어를 가지고 있다고 하자. 하지만 이 팀장은 기존의 실행 전략이나 관리 방식을 전혀 바꾸지 않았다. 우리는 이 팀장의 아이디어가 훌륭하다는 점은 인정하지만, 실제로 프로젝트가 성공했다고 보기는 어렵다. 이는 프로젝트 성공을 위해서는 실행 전략과 관리 방식 모두에 변화를 줄 필요가 있음을 시사한다.

① 좋은 아이디어는 프로젝트 성공의 충분조건이다.
② 실행 전략 변화는 좋은 아이디어의 필요조건이다.
③ 프로젝트 성공은 실행 전략 변화와 관리 방식 변화의 충분조건이다.
④ 실행 전략 변화 또는 관리 방식 변화는 프로젝트 성공의 필요조건이다.

논리추론은 박혜선! 반박 불가 pin point

5.

(4)에 의해 팀 훈련은 농구를 잘 하는 것의 필요조건임이 적절함을 알 수 있다.

오답풀이
① (4)에 의해 농구를 잘 하는 것은 팀 훈련의 충분조건이다.
② (3)에 의해 팀 훈련은 개인 기술의 향상과 역할 수행에 대한 이해도 향상의 필요조건이므로 이 선지는 적절하지 않다.
③ (2)에 의해 개인 기술과 역할 수행에 대한 이해도 향상은 농구를 잘 하는 것의 필요조건이다. 역할 수행에 대한 이해도 향상이 농구를 잘 하는 것의 충분조건이라고 할 수 없다.

논박불가 독학 가능! 기호 논리 시각화

 혜선 쌤의 논리추론 시각화 5

(1) 개인 기술의 훈련만 한다고 해서 농구를 잘 할 수 있는 것은 아니다.

> ≡ ~(개인 기술 훈련 → 농구 잘 함)
> ≡ 개인 기술의 훈련은 농구를 잘 하는 것의 충분조건이 아니다.
> ≡ 농구를 잘 하는 것은 개인 기술 훈련의 필요조건이 아니다.

(2) 농구를 잘 하려면 개인 기술의 향상과 역할 수행에 대한 이해도 향상이 모두 필요하다.

> ≡ 농구 잘 함 → (개인 기술의 향상 ∧ 역할 수행에 대한 이해도 향상)
> ≡ 개인 기술과 역할 수행에 대한 이해도 향상은 농구를 잘 하는 것의 필요조건이다.
> ≡ 농구를 잘 하는 것은 개인 기술과 역할 수행에 대한 이해도 향상의 충분조건이다.

(3) 이 둘을 동시에 이루어내기 위해서는 팀 훈련이 필수적이다.

> ≡ (개인 기술의 향상 ∧ 역할 수행에 대한 이해도 향상) → 팀 훈련
> ≡ 팀 훈련은 개인 기술의 향상과 역할 수행에 대한 이해도 향상의 필요조건이다.
> ≡ 개인 기술의 향상과 역할 수행에 대한 이해도 향상은 팀 훈련의 충분조건이다.

(4) (2)와 (3)을 연결하면 '농구 잘 함 → 팀 훈련'을 도출할 수 있다.

> ≡ 팀 훈련은 농구를 잘 하는 것의 필요조건이다.
> ≡ 농구를 잘 하는 것은 팀 훈련의 충분조건이다.

정답 5. ④

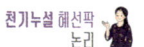

논리추론은 박혜선! 반박 불가 pin point

05 다음 글에서 추론할 수 있는 것으로 가장 적절한 것은?

> 개인 기술의 훈련만 한다고 해서 농구를 잘 할 수 있는 것은 아니다. 가령, 어떤 선수가 농구 개인 기술의 훈련에만 하루 종일 매진한다고 하자. 그러면 이 선수는 개인 기술의 향상은 이루어낼 수 있겠지만, 팀 전술 내에서 역할 수행에 대한 이해도를 높일 수는 없다. 농구는 팀 스포츠이기에, 농구를 잘 하려면 개인 기술의 향상과 역할 수행에 대한 이해도 향상이 모두 필요하다. 이 둘을 동시에 이루어내기 위해서는 팀 훈련이 필수적이다.

① 농구를 잘 하는 것은 팀 훈련의 필요조건이다.
② 팀 훈련은 개인 기술의 향상과 역할 수행에 대한 이해도 향상의 충분조건이다.
③ 역할 수행에 대한 이해도 향상은 농구를 잘 하는 것의 충분조건이다.
④ 팀 훈련은 농구를 잘 하는 것의 필요조건이다.

논리추론은 박혜선! 반박 불가 pin point

6.

㉠은 '세 요소'가 '성공'에 필수적인 조건임을 드러내고 있다. 즉, 세 요소는 성공의 필요 조건이므로 논리 기호로 표현하면 '성공 → 세 요소'로 표시 가능하다. ①에서는 성공한 프로젝트들은 모두 세 요소가 만족이 되었다고 말하고 있으므로 세 요소는 '성공'의 필수 조건임을 드러내고 있다. 따라서 이는 ㉠을 강화한다고 볼 수 있다.

오답풀이

② 성공하지 못한 프로젝트가 있다면 세 요소가 다 만족되지 않았음을 나타내는 것이라고 보는 이 사례는 ㉠을 강화하는 것이지, 약화하는 것이 아니므로 적절하지 않다.

③ ㉡은 '세 요소'가 달성되었다고 해서 '성공'을 보장할 수 없다고 하고 있다. 즉, 세 요소는 성공의 충분조건이 아니라는 것으로 이는 세 요소는 성공의 충분한 조건이라는 것을 보장할 수 없음을 드러낸다. 세 요소 말고도 다른 제3의 요소가 성공의 요소로 작용할 수 있기 때문이다. 하지만 이 사례는 세 요소가 모두 달성이 안되어도 성공되었음을 나타내고 있으므로 아예 세 요소가 달성된다는 전제를 하고 있는 ㉡의 초점에 어긋나므로 ㉡을 강화한다고 보기 어렵다. 만약 ㉡을 강화하려면 '세 요소를 만족하였으나 다른 부분에 변수가 되어 마케팅이 실패하였다' 정도의 사례가 나와줘야 한다.

④ '유행지각, 깊은 사고 그리고 협업 모두에서 목표를 달성했지만 성공하지 못한 프로젝트가 있다'면 ㉡은 강화되는 것이지 약화되는 것이 아니므로 이 선지는 옳지 않다.

논박불가 독학 가능! 기호 논리 시각화

혜선 쌤의 논리추론 시각화 6

㉠	성공 → (유행 ∧ 깊은 ∧ 협업)
강화 사례	① 성공한 프로젝트를 보니 '유행 ∧ 깊은 ∧ 협업' 세 요소 모두 달성했더라. ② '유행 ∧ 깊은 ∧ 협업' 모두를 달성하지는 못했더니 프로젝트가 성공을 못했더라.
약화 사례	① '유행 ∧ 깊은 ∧ 협업' 모두를 달성하지 못했음에도 성공했더라.
㉡	~ ((유행 ∧ 깊은 ∧ 협업) → 성공)
강화 사례	① '유행 ∧ 깊은 ∧ 협업' 모두에서 목표를 달성했다고 해서 항상 성공하는 것은 아니다.
약화 사례	① '유행 ∧ 깊은 ∧ 협업' 모두에서 목표를 달성하면 항상 성공하더라.

혜선 쌤의 야매꼼수

❶ 선지를 논리 기호로 바꾸면 오히려 헷갈림! 주의!
❷ 강화, 약화의 독해 문제처럼 푸는 것을 권장

정답 6. ①

논리추론은 박혜선! 반박 불가 pin point

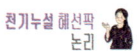

변별력 강화

06 다음 글의 ⊙과 ⓒ에 대한 평가로 올바른 것은? 2025. 인사혁신처 2차 샘플

> 기업의 마케팅 프로젝트를 평가할 때는 유행지각, 깊은 사고, 협업을 살펴본다. 유행지각은 유행과 같은 새로운 정보를 반영했느냐, 깊은 사고는 마케팅 데이터의 상관관계를 분석해서 최적의 해결책을 찾아내었느냐, 협업은 일하는 사람들이 해결책을 공유하며 성과를 창출했느냐를 따진다. ⊙ 이 세 요소 모두에서 목표를 달성하는 것은 마케팅 프로젝트가 성공적이기 위해 필수적이다. 하지만 ⓒ 이 세 요소 모두에서 목표를 달성했다고 해서 마케팅 프로젝트가 성공한 것은 아니다.

① 지금까지 성공한 프로젝트가 유행지각, 깊은 사고 그리고 협업 모두에서 목표를 달성했다면, ⊙은 강화된다.
② 성공하지 못한 프로젝트 중 유행지각, 깊은 사고 그리고 협업 중 하나 이상에서 목표를 달성하는 데 실패한 사례가 있다면, ⊙은 약화된다.
③ 유행지각, 깊은 사고 그리고 협업 중 하나 이상에서 목표를 달성하는 데 실패했지만 성공한 프로젝트가 있다면, ⓒ은 강화된다.
④ 유행지각, 깊은 사고 그리고 협업 모두에서 목표를 달성했지만 성공하지 못한 프로젝트가 있다면, ⓒ은 약화된다.

충분조건, 필요조건

Part 02

01 다음 진술이 모두 참일 때, 반드시 참인 것은?

> ○ 규칙적으로 운동하는 것은 체력을 기르기 위한 필요조건이다.
> ○ 영양을 골고루 섭취하는 것은 성장에 도움이 되는 충분조건이다.

① 성장하지 않는다고 해서 모두가 영양을 골고루 섭취하지 않은 것은 아니다.
② 규칙적으로 운동하면 반드시 체력이 길러진다.
③ 영양을 골고루 섭취한 사람 중 성장하지 않은 사람도 있을 수 있다.
④ 체력을 기르기 위해서는 반드시 규칙적으로 운동해야 한다.

02 다음 진술이 모두 참일 때, 반드시 참인 것은?

> ○ 운동은 건강을 위한 필요조건이다.
> ○ 병원 진료는 건강을 위한 충분조건이다.

① 운동하기 위해서는 건강해야 한다.
② 병원 진료를 받으려면 운동을 해야 한다.
③ 병원 진료를 받지 않으면 건강할 수 없다.
④ 운동을 했다면 병원 진료를 반드시 받은 것이다.

03 다음 두 명제가 모두 참일 때, 항상 참인 명제는?

> ○ 운동량이 줄어들면 체중이 증가한다.
> ○ 체중이 증가하면 건강이 나빠진다.

① 체중이 증가하면 운동량이 줄어든다.
② 건강이 나빠지면 체중이 증가한다.
③ 운동량이 줄지 않으면 체중이 증가하지 않는다.
④ 건강이 나빠지지 않으면 운동량이 줄지 않는다.

04 다음 진술이 모두 참일 때, 반드시 참인 것은?

> ○ 신선한 재료를 사용하는 것은 훌륭한 요리를 만들기 위한 필요조건이다.
> ○ 유명 셰프가 만든 음식은 맛집이라 불리기 위한 충분조건이다.
> ○ 위생적인 환경은 맛집이라 불리기 위한 필요조건이다.

① 유명 셰프가 만든 모든 음식은 위생적이다.
② 신선한 재료를 쓰지 않아도 훌륭한 요리를 만들 수 있다.
③ 맛집이 아닌 곳은 모두 위생적이지 않다.
④ 유명 셰프의 음식은 위생적인 환경을 위한 필요조건이다.

05 다음 글에서 추론할 수 있는 것으로 가장 적절한 것은?

> 열정만 있다고 해서 프로젝트가 성공하는 것은 아니다. 예를 들어, 한 스타트업 팀이 이번 신제품 출시를 반드시 성공시키겠다는 강한 열정을 가지고 있다고 하자. 그런데 이 팀은 기존의 기획 방식을 그대로 따르고, 마케팅 전략이나 실행 계획을 전혀 조정하지 않았다. 우리는 이 팀이 프로젝트 성공을 목표로 했다는 점은 인정하지만, 그 목표를 달성할 가능성이 크다고 보지는 않는다. 이 팀은 기존의 방식에 아무런 변화를 주지 않았기 때문이다.

① 열정은 프로젝트 성공의 충분조건이다.
② 방식의 변화는 프로젝트 성공의 충분조건이다.
③ 열정은 방식 변화의 충분조건이다.
④ 프로젝트 성공은 방식 변화의 충분조건이다.

06 다음 글에서 추론할 수 있는 것으로 가장 적절한 것은?

> 재능이 있으면 예술적 성취를 이루어낼 가능성이 높은 것은 맞으나, 재능이 있다고 해서 반드시 예술적 성취를 이루어낸다고는 할 수 없다. 예를 들어, 한 예술가가 뛰어난 재능을 가지고 있다고 하자. 그러나 이 예술가는 평단의 인정을 받지도 못했고, 새로운 기법을 정립하지도 못했다. 우리는 이 예술가가 재능이 있다는 점은 인정할 수 있지만 예술적 성취를 이루어냈다고 하기는 힘들다. 왜냐하면 평단의 인정을 받지도, 새로운 기법을 정립하지도 못했기 때문이다.

① 재능은 예술적 성취의 충분조건이다.
② 평단의 인정이나 새로운 기법의 정립은 예술적 성취의 필요조건이다.
③ 예술적 성취는 평단의 인정의 필요조건이다.
④ 새로운 기법의 정립은 예술적 성취의 충분조건이다.

MEMO

✦ **Chapter 5** 정언 명제의 4가지 표준 형식과 표준 형식에서 벗어난 명제

✦ **Chapter 6** 정언 삼단 논법

천기누설 혜선팍 논리

Part 03

빈칸에 들어갈 결론

Chapter 05 정언 명제의 4가지 표준 형식과 표준 형식에서 벗어난 명제

Part 03 빈칸에 들어갈 결론

논리 문제에서는 여러 명제가 나옵니다. 모든 명제가 표준 형식으로 나온다면 좋겠지만 <보기>나 선택지에 표준 형식에서 벗어난 명제가 나올 수 있기 때문에 정언 명제의 4가지 표준 형식은 물론, 이에 벗어나는 명제까지도 알아야 합니다. 표준 형식과 이에 벗어나는 명제를 논리 기호로 표현할 수 있어야 빈칸에 들어갈 결론 유형을 풀 수 있습니다.

논·박·불·가 이론

1 정언 논리의 개념

정언 논리란 명제를 구성하는 주어나 술어에 따라 논증의 타당성을 분석하고 평가하는 방식이다.
정언 논리는 개념들 간의 포함 관계를 다루는 것으로 명제의 타당성을 평가하고 논리적 결론을 도출하는 데 유용하다.

2 정언 명제의 구성

정언 명제(Categorical Proposition)는 논리학에서 특정 대상을 어떤 범주에 포함하거나 포함하지 않는 명제이다.
정언 명제는 보통 하나의 주어(S, Subject)와 하나의 술어(P, Predicate), 연결사, 양화사로 구성되어 주어와 술어의 관계가 포함 관계인지 배제의 관계인지를 서술한다.

주부(주어)	술부(술어)
(모든/어떤) S는 양화사	p (이다/아니다) 연결사

1. 주어 : 중심 화제를 보여 주는 것으로 양화사를 통해 범위가 정해짐.

2. 술어 : 서술어. 중심화제의 성질을 보여 줌.

3. 연결사(Connectives) : 주어와 술어의 관계를 나타냄. '이다(긍정)' 또는 '아니다(부정)'를 나타냄.

4. 양화사(quantifier) : 주어 부분의 수량이나 범위를 정해주는 기호
   "모든 경우(전칭)"와 "어떤 경우(특칭)"를 나타냄.

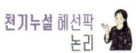

3. 정언 명제의 네 가지의 표준 형식

(1) A 명제: 전칭 긍정 명제(Universal Affirmative)

명제	모든 역공이는 합격자이다.
논리 기호	역공이 → 합격자

주어(S)의 모든 개체가 술어(P)의 조건을 만족할 때 사용하는 명제이다.
즉, 주어를 모두 조사했을 때 모두 술어에 해당할 때 사용하는 명제이다.

(2) E 명제: 전칭 부정 명제(Universal Negative)

명제	모든 역공이는 합격자가 아니다.
논리 기호	역공이 → ~합격자

주어(S)의 모든 개체가 술어(P)의 조건을 만족하지 않을 때 사용하는 명제이다.
즉, 주어를 모두 조사했을 때 모두 술어에 해당하지 않을 때 사용하는 명제이다.

(3) I 명제: 특칭 긍정 명제(Particular Affirmative)

명제	어떤 역공이는 합격자이다.
논리 기호	역공이 ∧ 합격자

주어(S)의 일부 개체가 술어(P)에 해당될 때 표현되는 명제이다.
즉, 주어 중 **최소 하나**가 술어에 해당된다는 뜻이다.

(4) O 명제: 특칭 부정 명제[Particular Negative(negO)]

명제	어떤 역공이는 합격자가 아니다.
논리 기호	역공이 ∧ ~합격자

주어(S)의 일부 개체가 술어(P)에 해당되지 않을 때 표현되는 명제이다.
즉, 주어 중 **최소 하나**가 술어에 해당되지 않는다는 뜻이다.

논리추론은 박혜선! 반박 불가! 워밍업

다음 표준 형식에서 벗어난 명제들을 논리 기호로 표현하시오.

01 그것이 사자라면, 그것은 포효한다.
≡

02 그 사람이 교수라면, 그 사람은 깊게 연구할 것이다.
≡

03 사과는 과일이다.
≡

04 어떤 역공이도 게임을 하지 않는다.
≡

05 역공이들만 혜선 쌤 야매꼼수를 익힐 수 있다.
≡

06 오직 여자들만 파자마 파티에서 놀 수 있었다.
≡

07 몇몇 결정론적 시스템은 자유의지를 갖고 있다.
≡

08 일부 인공지능에는 언어 번역 능력이 있다.
≡

09 일부 한글소설에는 영웅이 나온다.
≡

10 역공이들 중에서 국어 100점을 맞는 사람들이 있다.
≡

다음 표준 형식에서 벗어난 명제들을 논리 기호로 표현하시오.

01 그것이 사자라면, 그것은 포효한다.
≡ 사자 → 포효

02 그 사람이 교수라면, 그 사람은 깊게 연구할 것이다.
≡ 교수 → 연구

03 사과는 과일이다.
≡ 사과 → 과일

04 어떤 역공이도 게임을 하지 않는다.
≡ 역공이 → ~게임

05 역공이들만 혜선 쌤 야매꼼수를 익힐 수 있다.
≡ 야매 꼼수 → 역공이

06 오직 여자들만 파자마 파티에서 놀 수 있었다.
≡ 파자마 → 여자들

07 몇몇 결정론적 시스템은 자유의지를 갖고 있다.
≡ 결정론 ∧ 자유의지

08 일부 인공지능에는 언어 번역 능력이 있다.
≡ 인공지능 ∧ 언어

09 일부 한글소설에는 영웅이 나온다.
≡ 한글소설 ∧ 영웅

10 역공이들 중에서 국어 100점을 맞는 사람들이 있다.
≡ 역공이 ∧ 100점

11 뛰어난 전략을 가진 주무관들이 있다.
≡

12 친구가 없는 청년들이 있다.
≡

13 전략과 운이 좋다고 해서 무조건 성공하는 / 것은 아니다.
≡

14 모든 고양이가 검은 색인 / 것은 아니다.
≡

15 정직하면서 우유부단한 / 사람은 없다.
≡

16 우유부단하지 않지만 정직한 / 사람은 없다.
≡

17 연애를 잘하는 역공이가 없다.
≡

18 철수가 착하지 않은 것은 아니다.
≡

19 짬뽕을 좋아하지 않는 어떤 사람도 쌀국수를 좋아하지 않는다.
≡

20 국어를 좋아하는 사람 중 아무도 게임을 좋아하지 않는다.
≡

11 뛰어난 전략을 가진 주무관들이 있다.
≡ 전략 ∧ 주무관들

12 친구가 없는 청년들이 있다.
≡ ~친구 ∧ 청년들

13 전략과 운이 좋다고 해서 무조건 성공하는 / 것은 아니다.
≡ ~((전략 ∧ 운) → 성공)

14 모든 고양이가 검은색인 / 것은 아니다.
≡ ~(고양이 → 검은색) ≡ ~(~고양이 ∨ 검은색) ≡ 고양이 ∧ ~검은색

15 정직하면서 우유부단한 / 사람은 없다.
≡ ~(정직 ∧ 우유부단) ≡ ~정직 ∨ ~우유부단 ≡ 정직 → ~우유부단

16 우유부단하지 않지만 정직한 / 사람은 없다.
≡ ~(~우유부단 ∧ 정직) ≡ 우유부단 ∨ ~정직 ≡ ~우유부단 → ~정직 ≡ 정직 → 우유부단

17 연애를 잘하는 역공이 / 가 없다.
≡ ~(연애 ∧ 역공이) ≡ ~연애 ∨ ~역공이 ≡ 연애 → ~역공이

18 철수가 착하지 않은 것은 아니다.
≡ 철수 → 착함

19 짬뽕을 좋아하지 않는 어떤 사람도 쌀국수를 좋아하지 않는다.
≡ ~짬뽕 → ~쌀국수

20 국어를 좋아하는 사람 중 아무도 게임을 좋아하지 않는다.
≡ ~국어 → ~게임

정언 삼단 논법

Part 03 빈칸에 들어갈 결론

> 빈칸에 들어갈 결론을 풀려면 전칭 명제뿐만 아니라
> 특칭 명제까지도 전제로 있는 것을 연결할 수 있어야 합니다.
> 전칭 명제와 특칭 명제를 항상 함께 연결할 수 있는 것이 아니므로
> 이 둘을 연결할 수 있는 최소 조건을 명확하게 알아야 합니다.
> 인사처 1차, 2차 샘플 모두에 나왔었던 것이므로 꼭 숙지하셔야 합니다.

논·박·불·가·이·론

 정언 삼단 논법이란?

정언 삼단 논법이란 대전제와 소전제를 통해 타당한 결론을 도출하는 논법이다.

 정언 삼단 논법의 타당성을 도출하는 방법

매개념이 유의미하게 쓰이려면 최소 1번 주연되어야 한다.
: 주연(Distributed)이란 어떤 개념이 전체를 다룬다는 뜻으로 "모든"처럼 전체를 다루거나,
  "아니다"처럼 특정 부분을 분명하게 배제하여 확실하게 범위를 정할 때 주연이라고 한다.
  매개념이 최소 1번은 주연되어야 반드시 참인 명제가 나올 수 있는데
  만약 주연되지 않으면 중간 연결이 헐거워진 상태가 되어 결론을 도출하는 데 문제가 생긴다.

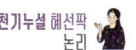

※ 매개념이 유의미하게 쓰이는 경우

① 전칭 명제에서 주어가 주연됨.

	명제	논리 기호화
전제 1	어떤 리버풀 선수는 공격수이다.	리버풀 선수 ∧ ~~공격수~~ ≡ 공격수 ∧ 리버풀 선수
전제 2	공격수는 골키퍼가 될 수 없다. (매개념 "공격수"가 전칭으로 주연됨)	~~공격수~~ → ~골키퍼
결론	어떤 리버풀 선수는 골키퍼가 될 수 없다. (타당) ≡ 어떤 골키퍼가 아닌 사람은 리버풀 선수이다. (타당)	리버풀 선수 ∧ ~골키퍼 ≡ ~골키퍼 ∧ 리버풀 선수 (타당)

② 부정 명제에서 술어가 주연됨.

	명제	논리 기호화
전제 1	어떤 미남은 혜선 쌤 남친이다.	~~미남~~ ∧ 혜선 쌤 남친 ≡ 혜선 쌤 남친 ∧ 미남
전제 2	모든 리버풀 선수는 미남이 아니다. (매개념 "미남"이 부정으로 주연됨)	리버풀 선수 → ~미남 ≡ ~~미남~~ → ~리버풀 선수
결론	어떤 혜선 쌤 남친은 리버풀 선수가 아니다. (타당) ≡ 어떤 리버풀 선수가 아닌 사람은 혜선 쌤 남친이다. (타당)	혜선 쌤 남친 ∧ ~리버풀 선수 ≡ ~리버풀 선수 ∧ 혜선 쌤 남친(타당)

논리추론은 박혜선! 반박 불가! 워밍업

다음 삼단 논법의 타당성을 검토하고, 부당하다면 그 이유를 쓰시오.

01 전제 1 : 모든 강아지는 동물이다.
전제 2 : 어떤 강아지는 귀엽다.
―――――――――――――――――――
결론 : 어떤 귀여운 것은 동물이다.

(타당함 / 타당하지 않음)

02 전제 1 : 모든 정사각형은 직사각형이다.
전제 2 : 모든 정사각형은 마름모다.
―――――――――――――――――――
결론 : 모든 마름모는 직사각형이다.

(타당함 / 타당하지 않음)

03 전제 1 : 모든 의사는 거짓말쟁이가 아니다.
전제 2 : 어떤 기자는 거짓말쟁이가 아니다.
―――――――――――――――――――
결론 : 어떤 기자는 의사가 아니다.

(타당함 / 타당하지 않음)

다음 삼단 논법의 타당성을 검토하고, 부당하다면 그 이유를 쓰시오.

01 전제 1: 모든 강아지는 동물이다.
전제 2: 어떤 강아지는 귀엽다.
─────────────────────
결론: 어떤 귀여운 것은 동물이다.

(타당함 / 타당하지 않음)

전제 1	강아지 → 동물
전제 2	강아지 ∧ 귀여움
결론	귀여움 ∧ 동물 ≡ 동물 ∧ 귀여움 (타당함)

02 전제 1: 모든 정사각형은 직사각형이다.
전제 2: 모든 정사각형은 마름모다.
─────────────────────
결론: 모든 마름모는 직사각형이다.

(타당함 / 타당하지 않음)

전제 1	정사각형 → 직사각형
전제 2	정사각형 → 마름모
결론	마름모 → 직사각형 (타당하지 않음)

03 전제 1: 모든 의사는 거짓말쟁이가 아니다.
전제 2: 어떤 기자는 거짓말쟁이가 아니다.
─────────────────────
결론: 어떤 기자는 의사가 아니다.

(타당함 / 타당하지 않음)

전제 1	의사 → ~거짓말쟁이
전제 2	기자 ∧ ~거짓말쟁이
결론	기자 ∧ ~의사 (타당하지 않음)

다음 삼단 논법의 타당성을 검토하고, 부당하다면 그 이유를 쓰시오.

04 전제 1 : 모든 소설은 문학작품이다.
전제 2 : 어떤 문학작품은 시가 아니다.
───────────────────────────
결론 : 그러므로 어떤 시는 소설이다.

(타당함 / 타당하지 않음)

05 전제 1 : 어떤 국어를 잘하는 사람은 수학을 잘한다.
전제 2 : 어떤 수학을 잘하는 사람은 과학을 잘한다.
───────────────────────────
결론 : 어떤 국어를 잘하는 사람은 과학을 잘한다.

(타당함 / 타당하지 않음)

06 전제 1 : 모든 국어를 잘하는 사람은 수학을 잘한다.
전제 2 : 모든 국어를 잘하는 사람은 과학을 잘한다.
───────────────────────────
결론 : 수학을 잘하는 사람 중에 과학을 잘하는 사람이 있다.

(타당함 / 타당하지 않음)

다음 삼단 논법의 타당성을 검토하고, 부당하다면 그 이유를 쓰시오.

04 전제 1 : 모든 소설은 문학작품이다.
전제 2 : 어떤 문학작품은 시가 아니다.
───────────────────────────
결론 : 그러므로 어떤 시는 소설이다.

(타당함 / <u>타당하지 않음</u>)

전제 1	소설 → 문학작품
전제 2	문학작품 ∧ ~시
결론	시 ∧ 소설 (타당하지 않음)

05 전제 1 : 어떤 국어를 잘하는 사람은 수학을 잘한다.
전제 2 : 어떤 수학을 잘하는 사람은 과학을 잘한다.
───────────────────────────
결론 : 어떤 국어를 잘하는 사람은 과학을 잘한다.

(타당함 / <u>타당하지 않음</u>)

전제 1	국어 ∧ 수학
전제 2	수학 ∧ 과학
결론	국어 ∧ 과학 (타당하지 않음)

06 전제 1 : 모든 국어를 잘하는 사람은 수학을 잘한다.
전제 2 : 모든 국어를 잘하는 사람은 과학을 잘한다.
───────────────────────────
결론 : 수학을 잘하는 사람 중에 과학을 잘하는 사람이 있다.

(타당함 / <u>타당하지 않음</u>)

전제 1	국어 → 수학
전제 2	국어 → 과학
결론	수학 ∧ 과학 (타당하지 않음)

논리추론은 박혜선! 반박 불가 pin point

1.

(가)에서 '독서 ∧ 글쓰기'이고 (나)에서 '글쓰기 → 에세이'이므로 독서를 열심히 하면서 글쓰기 실력이 뛰어난 사람이 존재하고 이 사람은 에세이 점수가 높은 사람이라는 결론을 내릴 수 있다. 즉, '독서 ∧ 에세이'이므로 에세이 점수가 높은 어떤 사람은 독서를 열심히 한다고 할 수 있다.

오답풀이
① ②에서와 같이 '독서 ∧ 에세이'를 도출하는 것은 가능하나 이를 통해 '독서 → 에세이'를 도출하는 것은 불가능하다.
③ '~독서 → ~글쓰기 ≡ 글쓰기 → 독서'이다. (가)에서 '독서 ∧ 글쓰기'이긴 하지만 이를 통해 '글쓰기 → 독서'를 도출하는 것은 불가능하다.
④ '~글쓰기 →~ 에세이 ≡ 에세이 → 글쓰기'이다. 이 명제는 (나)의 역명제이므로 참, 거짓을 판단하는 것이 불가능하다.

2.

(다)에서 '미술 ∧ 연극'이고, (가)의 대우명제에서 '미술 → 클래식'이므로 미술 전시와 연극 관람에 동시에 관심이 있는 사람이 존재하고, 미술을 좋아하는 사람은 반드시 클래식 음악에도 관심이 있어야 한다. 따라서 '연극 ∧ 클래식'을 도출할 수 있다. 따라서 연극을 좋아하는 어떤 사람은 클래식 음악도 좋아한다.

오답풀이
① (다)에서 '미술 ∧ 연극'이므로 미술 전시를 좋아하는 모든 사람이 연극도 반드시 좋아한다고는 할 수 없으므로, 미술 전시를 좋아하는 사람 중 연극을 좋아하지 않는 사람이 있을 수는 있으나 이를 반드시 참이라고 할 수는 없다. 즉, '미술 ∧ ~연극'이 거짓이라고 할 수는 없지만 반드시 참이라고 할 수도 없다. 따라서 미술을 좋아하고 연극을 좋아하지 않는 사람이 존재한다고 단정적으로 진술하는 것은 옳다고 할 수 없다.
② '~록 → 클래식'으로 이 명제는 (나)의 역명제이다. 따라서 참 거짓을 판단할 수 없으므로 전제들을 통해 도출한 결론으로 적절하지 않다.
④ (나)의 대우명제에 의해 '록 → ~클래식'이고, (가)에 의해 '~클래식 → ~미술'이므로 두 명제를 연결하면 '록 → ~미술'을 도출하는 것이 가능하다. 즉, 록 음악을 좋아하는 모든 사람은 미술 전시를 좋아하지 않으므로 록 음악을 좋아하는 사람이 미술 전시도 좋아하는 것은 불가능하다.

정답 1. ② 2. ③

논박불가 독학 가능! 기호 논리 시각화

 혜선 쌤의 논리추론 시각화 1

(가) 독서 ∧ ~~글쓰기~~
(나) ~~글쓰기~~ → 에세이
　　≡ ~에세이 → ~글쓰기

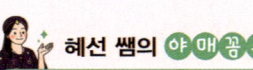 혜선 쌤의 야매꼼수

전칭 명제의 전건에 매개항이 있어야 한다!

 혜선 쌤의 논리추론 시각화 2

(가) ~클래식 → ~미술 ≡ ~~미술~~ → 클래식
(나) 클래식 → ~록 ≡ 록 → ~클래식
(다) ~~미술~~ ∧ 연극

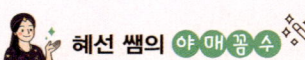 혜선 쌤의 야매꼼수

전칭 명제의 전건에 매개항이 있어야 한다!

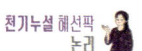

논리추론은 박혜선! 반박 불가 pin point

01 (가), (나)를 전제로 할 때, 빈칸에 들어갈 결론으로 적절한 것은?

> (가) 독서를 열심히 하는 어떤 사람은 글쓰기 실력이 뛰어나다.
> (나) 글쓰기 실력이 뛰어난 모든 사람은 에세이 점수가 높다.
> 따라서

① 에세이 점수가 높은 모든 사람은 독서를 열심히 한다.
② 에세이 점수가 높은 어떤 사람은 독서를 열심히 한다.
③ 독서를 열심히 하지 않는 어떤 사람도 글쓰기 실력이 뛰어나지 않다.
④ 글쓰기 실력이 뛰어나지 않은 어떤 사람도 에세이 점수가 높지 않다.

02 (가)~(다)를 전제로 할 때, 빈칸에 들어갈 결론으로 적절한 것은?

> (가) 클래식 음악을 좋아하지 않는 모든 사람은 미술 전시도 좋아하지 않는다.
> (나) 클래식 음악을 좋아하는 모든 사람은 록 음악을 좋아하지 않는다.
> (다) 미술 전시를 좋아하는 어떤 사람은 연극도 좋아한다.
> 따라서

① 미술 전시를 좋아하고 연극을 좋아하지 않는 사람이 존재한다.
② 록 음악을 좋아하지 않는 모든 사람은 클래식 음악을 좋아한다.
③ 연극을 좋아하는 어떤 사람은 클래식 음악도 좋아한다.
④ 록 음악을 좋아하는 어떤 사람은 미술 전시도 좋아한다.

논리추론은 박혜선! 반박 불가 pin point

3.

(가)에서 '독서 ∧ 그림'이고, (나)의 대우명제에 의해 '독서 → 캠핑'이므로 독서와 그림 그리기에 동시에 관심이 있는 사람이 존재하고 이 사람은 반드시 캠핑에도 관심이 있어야 한다. 따라서 '그림 ∧ 캠핑'을 도출할 수 있다. 그리고 (다)에서 '캠핑 → ~뜨개질'이므로 마찬가지 논리로 '그림 ∧ ~뜨개질'도 도출할 수 있다. 따라서 그림 그리기에 관심이 있는 어떤 사람은 뜨개질에 관심이 없다.

> **오답풀이**
> ① (다)의 대우명제에 의해 '뜨개질 → ~캠핑', (나)에 의해 '~캠핑 → ~독서'이므로 이를 연결하면 '뜨개질 → ~독서'를 도출할 수 있다. 즉, 뜨개질에 관심이 있는 모든 사람은 독서에 관심이 없다. 따라서 뜨개질에 관심이 있는 어떤 사람은 독서에 관심이 있다는 반대 오류이다.
> ③ (가)에서 '독서 ∧ 그림'이지만, 독서에 관심이 있는 모든 사람이 반드시 그림에도 관심이 있는지는 알 수 없다. 즉, '독서 ∧ ~그림'이 반드시 거짓이라고 할 수는 없지만 참이라고 단정할 수도 없다. 따라서 독서에 관심이 있고 그림에 관심이 없는 사람이 존재한다는 것은 판단불가의 오류이다.
> ④ (다)의 역명제에 해당한다. 즉, '~뜨개질 → 캠핑'이는 주어진 전제로부터 도출할 수 없는 내용이다. 판단불가의 오류이다.

4.

'비타민 → 건강 보조제'이고 '비타민 ∧ ~에너지 증가 효과'이므로 '건강 보조제 ∧ ~에너지 증가 효과'라는 결론을 내릴 수 있다. 모든 비타민이 건강 보조제이고, 비타민 중 에너지 증가 효과가 없는 것이 존재하므로 건강 보조제 중 에너지 증가 효과가 없는 것은 존재해야 한다. 따라서 어떤 건강 보조제는 에너지 증가 효과가 없다.

> **오답풀이**
> ② '비타민 ∧ ~에너지 증가 효과'라고 해서 '비타민 ∧ 에너지 증가 효과'라는 결론을 내릴 수는 없다. 판단불가의 오류이다.
> ③ '비타민 → 건강 보조제'이고 '비타민 ∧ ~에너지 증가 효과'이므로 '건강 보조제 ∧ ~에너지 증가 효과'라는 결론을 내릴 수 있다. 하지만 이를 통해 '건강 보조제 ∧ 에너지 증가 효과'라는 결론을 도출하는 것은 불가능하다. 판단불가의 오류이다.
> ④ '비타민 → 건강 보조제'이므로 비타민이 건강 보조제에 포함되는 관계인 것은 맞으나, 이를 통해 어떤 건강보조제는 비타민이 아니라는 결론을 내릴 수는 없다. 판단불가의 오류이다.

논박불가 독학 가능! 기호 논리 시각화

혜선 쌤의 논리추론 시각화 3

(가) 독서 ∧ 그림
(나) ~캠핑 → ~독서 ≡ 독서 → 캠핑
(다) 캠핑 → ~뜨개질 ≡ 뜨개질 → ~캠핑

혜선 쌤의 야매꼼수

전칭 명제의 전건에 매개항이 있어야 한다!
전칭명제를 연결지을 수 있어야 한다.

혜선 쌤의 논리추론 시각화 4

(가) 비타민 → 건강 보조제
(나) 비타민 ∧ ~에너지 증가

혜선 쌤의 야매꼼수

전칭 명제의 전건에 매개항이 있어야 한다!
'모든 p가 q인 것은 아니다'는 특칭 부정이다!

정답 3. ② 4. ①

논리추론은 박혜선! 반박 불가 pin point

03 (가)~(다)를 전제로 할 때, 빈칸에 들어갈 결론으로 적절한 것은?

> (가) 독서에 관심이 있는 어떤 사람은 그림 그리기에도 관심이 있다.
> (나) 캠핑에 관심이 없는 모든 사람은 독서에도 관심이 없다.
> (다) 캠핑에 관심이 있는 모든 사람은 뜨개질에 관심이 없다.
> 따라서 _____.

① 뜨개질에 관심이 있는 어떤 사람은 독서에 관심이 있다.
② 그림 그리기에 관심이 있는 어떤 사람은 뜨개질에 관심이 없다.
③ 독서에 관심이 있고 그림 그리기에 관심이 없는 사람이 존재한다.
④ 뜨개질에 관심이 없는 모든 사람은 캠핑에 관심이 있다.

04 (가)~(나)를 전제로 할 때, 빈칸에 들어갈 결론으로 적절한 것은?

> (가) 모든 비타민은 건강 보조제이다.
> (나) 모든 비타민이 에너지 증가 효과가 있는 것은 아니다.
> 따라서 _____.

① 어떤 건강 보조제는 에너지 증가 효과가 없다
② 어떤 비타민은 에너지 증가 효과가 있다
③ 어떤 건강 보조제는 에너지 증가 효과가 있다
④ 어떤 건강 보조제는 비타민이 아니다

논리추론은 박혜선! 반박 불가 pin point

5.

'노트북 ∧ ~직장인'이다. (나)에 의해 노트북이 있지만 야근을 하지 않는 것이 존재하고, (가)의 대우명제에 의해 야근을 하지 않는 사람은 모두 직장인이 아니므로, 노트북이 있지만 야근을 하지 않는 사람은 직장인이 아니다. 따라서 노트북이 있으면서 직장인이 아닌 사람이 존재한다. 즉, '노트북 ∧ ~직장인'이다.

오답풀이

① (가)에서 모든 직장인은 야근을 한다(직장인 → 야근)고 하였으므로 직장인이면서 야근을 하지 않는 사람이 존재한다(직장인 ∧ ~야근)는 것은 적절하지 않다.
② (나)에서 노트북이 있다고 해서 반드시 야근을 하는 것은 아니라(노트북 ∧ ~야근)고 했으므로 노트북이 있는 사람은 모두 야근을 한다는 것(노트북 → 야근)은 적절하지 않다.
③ (다)에서 직장인이면서 노트북이 있는 사람이 존재한다고(직장인 ∧ 노트북) 하였으므로 노트북이 있는 사람은 모두 직장인이 아니라는 것(노트북 → ~직장인)은 적절하지 않다.

6.

가. ㄹ에 의해 수입품 중 재료인 것이 존재하고, ㄱ에 의해 모든 재료는 비싸므로 수입품 중 재료인 것도 비싸다는 결론을 내릴 수 있다. 즉, 수입품 중 비싼 것이 존재하므로 '비쌈 ∧ 수입품'이라고 할 수 있다.

다. ㄷ에 의해 수입품 중 비싸지 않은 것이 존재하고, ㄱ의 대우명제에 의해 비싸지 않은 것은 모두 재료가 아니므로 수입품 중 비싸지 않은 것은 재료가 아니라는 결론을 내릴 수 있다. 즉, 수입품 중 재료가 아닌 것이 존재하므로 '수입품 ∧ ~재료'라고 할 수 있다.

오답풀이

나. 가.와 같은 논증에 의해 비싼 것 중 수입품이 존재한다는 결론, 즉 '비쌈 ∧ 수입품'이라는 결론을 도출하는 것은 가능하나, 이를 통해 '비쌈 → 수입품'을 도출하는 것은 불가능하다.

논박불가 독학 가능! 기호 논리 시각화

 혜선 쌤의 **논리추론 시각화** 5

(가) 직장인 → 야근 ≡ ~야근 → ~직장인
(나) 노트북 ∧ ~야근
(다) 직장인 ∧ 노트북

 혜선 쌤의 **야매꼼수**

나올 수 있는 결론들을 모두 구해 본다.
문제의 key는 전칭 명제에 있다.

 혜선 쌤의 **논리추론 시각화** 6

㉠ 재료 → 비쌈 ≡ ~비쌈 → ~재료
㉡ 수입품 ∧ ~재료
㉢ ~비쌈 ∧ 수입품
㉣ 재료 ∧ 수입품
㉤ ~수입품 ∧ 비쌈

 혜선 쌤의 **야매꼼수**

나올 수 있는 결론들을 모두 구해 본다.
key는 전칭 명제에 있다.

정답 5. ④ 6. ②

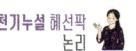

난도 중

05 (가)~(다)를 전제로 결론을 이끌어 낼 때, 빈칸에 들어갈 말로 가장 적절한 것은?

> (가) 모든 직장인은 야근을 한다.
> (나) 노트북이 있지만 야근을 하지 않는다.
> (다) 직장인이면서 노트북이 있는 사람이 존재한다.
> 따라서 □

① 직장인이면서 야근을 하지 않는 사람이 존재한다.
② 노트북이 있는 사람은 모두 야근을 한다.
③ 노트북이 있는 사람은 모두 직장인이 아니다.
④ 노트북이 있으면서 직장인이 아닌 사람이 존재한다.

변별력 강화

06 ㉠~㉤이 모두 참일 때, 〈보기〉 중 옳은 것만을 있는 대로 고른 것은?

> ㉠ 모든 재료는 비싸다.
> ㉡ 수입품이라고 해서 반드시 재료인 것은 아니다.
> ㉢ 비싸지 않고 수입품인 것이 존재한다.
> ㉣ 어떤 재료는 수입품이다.
> ㉤ 수입품이 아니면서 비싼 것이 존재한다.

〔보기〕
가. 비싸면서 수입품인 것이 존재한다.
나. 비싼 것은 모두 수입품이다.
다. 재료가 아닌 수입품이 존재한다.

① 가, 나
② 가, 다
③ 나, 다
④ 가, 나, 다

빈칸에 들어갈 결론

Part 03

정답 및 해설 p.135

난도 중

01 (가)~(나)를 전제로 할 때, 빈칸에 들어갈 결론으로 적절한 것은?

> (가) 모든 역공이는 합격한다.
> (나) 어떤 학생은 합격하지 못한다.
> 따라서 _____

① 어떤 학생은 역공이이다.
② 모든 역공이는 학생이다.
③ 합격하지 못하는 학생은 역공이가 아니다.
④ 어떤 역공이는 합격하지 못한다.

난도 중

02 (가)~(다)를 전제로 할 때, 빈칸에 들어갈 결론으로 적절한 것은?

> (가) 모든 자전거는 교통수단이다.
> (나) 바퀴가 있다고 해서 반드시 교통수단은 아니다.
> (다) 자전거이면서 바퀴가 있는 것이 존재한다.
> 따라서 _____

① 자전거이면서 교통수단이 아닌 것이 존재한다.
② 바퀴가 있는 것은 모두 교통수단이다.
③ 바퀴가 있으면서 자전거가 아닌 것이 존재한다.
④ 바퀴가 있는 것은 모두 자전거가 아니다.

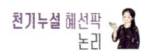

난도 중

03 다음 전제가 모두 참이라고 할 때 밑줄 친 부분에 들어갈 결론으로 적절한 것은?

> 어떤 식당은 음식이 맛있다. 서비스가 좋지 않은 식당은 없다.
> 따라서 _____

① 어떤 식당은 서비스가 좋다.
② 음식이 맛있는 식당은 서비스가 좋다.
③ 어떤 식당은 서비스가 좋지 않다.
④ 어떤 식당은 음식이 맛있지 않다.

변별력 강화

04 ㉠~㉣에 대한 평가로 적절한 것을 〈보기〉에서 모두 고른 것은?

> ㉠ 어떤 식물은 빠르게 성장한다.
> ㉡ 빠르게 성장하는 모든 것은 햇빛을 많이 받는다.
> ㉢ 빠르게 성장하지 않는 모든 것은 햇빛을 많이 받지 않는다.
> ㉣ 어떤 식물은 햇빛을 많이 받지 않는다.

―〈보기〉―
㉮ ㉠과 ㉡이 참일 경우 ㉣은 반드시 참이다.
㉯ ㉡과 ㉣이 참일 경우 ㉠은 참일 수 있다.
㉰ ㉢과 ㉣이 참일 경우 ㉠은 반드시 참이다.

① ㉯
② ㉰
③ ㉮, ㉯
④ ㉯, ㉰

변별력 강화

05 ㉠~㉢에 대한 평가로 적절한 것을 〈보기〉에서 모두 고른 것은?

> ㉠ 어떤 요리사는 디저트를 잘 만든다.
> ㉡ 국 요리를 잘 만드는 모든 사람은 디저트를 잘 만들지 못한다.
> ㉢ 디저트를 잘 만들지 못하는 모든 사람은 국 요리를 잘 만든다.
> ㉣ 어떤 요리사는 국 요리를 잘 만들지 못한다.

〔보기〕
㉮ ㉠과 ㉡이 참일 경우 ㉣이 참이 아닐 수 있다.
㉯ ㉠과 ㉢이 참일 경우 ㉣은 반드시 참이다.
㉰ ㉢과 ㉣이 참일 경우 ㉠은 반드시 참이다.

① ㉮
② ㉯
③ ㉰
④ ㉯, ㉰

변별력 강화

06 ㉠~㉢에서 전제가 참일 때, 결론이 반드시 참인 논증을 모두 고른 것은?

> ㉠ 모든 윤리적 행위는 도덕적 의무를 따르는 것이야. 그런데 모든 공리주의적 행위도 도덕적 의무를 따른다고 볼 수 있어. 그러므로 공리주의적 행위 중 윤리적인 것이 반드시 존재한다고 할 수 있어.
> ㉡ 합리적으로 정당화된 모든 법은 사회적 안정성을 높여. 민주적 헌법이 아니거나 합리적으로 정당화된 법이 아닌 것은 존재하지 않는다. 그러므로 사회적 안정성을 높이는 법 중 민주적 헌법이 존재해.
> ㉢ 인공지능이지만 논리적 판단을 할 수 없는 것은 존재하지 않는다. 하지만 모든 생명체가 논리적 판단을 할 수 있는 것은 아니야. 따라서 어떤 생명체는 인공지능이 아니라는 결론을 내릴 수 있어.

① ㉠
② ㉡
③ ㉠, ㉡
④ ㉡, ㉢

Part

04

생략된
전제 추론

Chapter 7 생략된 전제 추론

Chapter 07 생략된 전제 추론

Part 04 생략된 전제 추론

생략된 전제 추론 문제는 모든 유형 중 가장 난도가 높은 유형입니다.
인사처 1차 샘플에서 1문제, 국가직 9급에서 1문제가 출제되었으나 지방직 9급에서는 2문제나 출제되었습니다.
오답률 톱 5에 있는 변별력을 가르는 문제이므로 이 유형은 고득점을 위해 꼭 정복해야 하는 유형입니다.
선택지에 있는 전제를 넣어서 답이 도출되는 경우도 있으나,
동치 규칙과 함축 규칙, 진리조건을 통해 전제를 만들어야 하는 경우도 있습니다.
따라서 이 모든 경우를 대비할 수 있도록 여러 유형을 훈련하는 것이 꼭 필요합니다.

논·박·불·가·이·론

전제 2개 중 한 개가 생략되는 경우

TYPE 1 전제 1이 전칭일 경우

	명제	논리 기호화
전제 1	식물을 자주 가꾸는 모든 사람은 자연을 사랑한다.	식물 → 자연
전제 2	어떤	식물 ∧ 생태계
결론	자연을 사랑하는 어떤 사람은 생태계 보호에 기여한다.	자연 ∧ 생태계 (≡ 생태계 ∧ 자연)

: 결론이 특칭 명제이므로 '전제 2'에는 특칭 명제가 들어가야 한다.
또한 결론에 '자연'이 살아남아 있으므로 전제 2에는 '식물'이 꼭 들어가면서 '∧ 생태계'가 들어가야 한다.
따라서 전제 2에는 '식물 ∧ 생태계'가 들어 가야 하므로 '식물을 자주 가꾸는 어떤 사람은 생태계 보호에 기여한다.'가 전제 2에 오기에 적절하다.

TYPE 2 전제 1이 특칭일 경우

	명제	논리 기호화
전제 1	스파게티를 좋아하는 어떤 사람은 라자냐를 좋아한다.	스파게티 ∧ 라자냐
전제 2	모든	라자냐 → 피자
결론	피자를 좋아하는 어떤 사람은 스파게티를 좋아한다.	피자 ∧ 스파게티 (≡ 스파게티 ∧ 피자)

: 적어도 전제 1개는 전칭 명제여야 하므로 '전제 2'에는 전칭 명제가 들어가야 한다.
또한 결론에는 전제 1에 있었던 '라자냐'가 사라지고 '피자'가 생겼다.
따라서 전제 2에는 '라자냐 → 피자'가 들어가야 하므로 '라자냐를 좋아하는 모든 사람은 피자를 좋아한다.'가 전제 2에 오기에 적절하다.

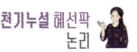

2 전제 3~4개 중 한 개가 생략되는 경우

TYPE 1 전제 1, 2가 특칭들만 있을 경우

	명제	논리 기호화
전제 1	여행에 관심이 있는 어떤 사람은 캠핑에도 관심이 있다.	여행 ∧ 캠핑
전제 2	하이킹에 관심이 있는 어떤 사람은 수영에 관심이 없다.	하이킹 ∧ ~수영
전제 3	모든	하이킹 → 양궁
결론	수영에 관심이 없는 어떤 사람은 양궁에 관심이 있다.	~수영 ∧ 양궁 (≡ 양궁 ∧ ~수영)

: 전제의 개수가 총 3개 있을 때에는 퍼즐을 넣어 보는 것이 좋다.
　나머지 전제가 특칭만 있을 경우에는 적어도 하나의 전제는 전칭 명제여야 하므로 전칭의 선지를 먼저 넣어 본다.
　'하이킹 → 양궁(하이킹에 관심이 있는 모든 사람은 양궁에 관심이 있다.)'를 넣어 보자!

TYPE 2 전제 1, 2가 특칭, 전칭이 있을 경우

	명제	논리 기호화
전제 1	모든 역공이는 국어를 좋아한다.	역공이 → 국어
전제 2	국어를 좋아하는 어떤 사람은 추론을 좋아한다.	국어 ∧ 추론
전제 3	모든	국어 → 역공이
결론	추론을 좋아하는 어떤 사람은 역공이이다.	추론 ∧ 역공이 (≡ 역공이 ∧ 추론)

: 전제의 개수가 총 3개 있을 때에는 퍼즐을 넣어 보는 것이 좋다.
　나머지 전제가 특칭, 전칭이 있을 경우에는, 특칭보다 쓸모가 많은 전칭의 선지를 먼저 넣어 본다.
　'국어 → 역공이(국어를 좋아하는 모든 사람은 역공이이다.)'를 넣어 보자!

TYPE 3 전제 1, 2가 전칭들만 있을 경우

	명제	논리 기호화
전제 1	모든 강사는 최고의 교재를 선호한다.	강사 → 교재
전제 2	강의력을 선호하는 모든 사람은 낮은 준비성을 선호하지 않는다.	강의력 → ~낮은 준비성
전제 3	어떤	강의력 ∧ 교재
결론	최고의 교재를 선호하는 어떤 사람은 낮은 준비성을 선호하지 않는다.	교재 ∧ ~낮은 준비성 (≡ ~낮은 준비성 ∧ 교재)

: 전제의 개수가 총 3개 있을 때에는 퍼즐을 넣어 보는 것이 좋다.
　나머지 전제가 전칭만 있을 경우에는 결론이 특칭 명제이므로 특칭의 선지를 먼저 넣어 본다.
　'강의력 ∧ 교재(강의력을 선호하는 어떤 사람은 최고의 교재를 선호한다.)'를 넣어 보자!

논리추론은 박혜선! 반박 불가 pin point

1.

이 문제는 전제를 넣어보는 것으로는 문제를 풀기 어렵다. 따라서 결론 '마라톤 → 건강'을 도출하기 위해서는 전제 1과 전제 2의 관계를 이해하는 것이 좋다. 전제 1의 전건에 '마라톤'이 있고 전제 2의 후건에 '건강'이 있으니 이 둘을 연결지을 수 있는 전제가 전제 3에 오면 됨을 알 수 있다. 전제 2에서 '근력 → 건강'이 오듯이 '식단 → 건강'이 전제 3에 오게 되어야 전제 1의 전건 '마라톤'일 때에 결국 '건강'이라는 후건을 도출할 수 있으므로 정답은 ②이다.

> **오답풀이**
> ①을 기호화하면 '건강 → 식단'이다. 이를 전제 2 '근력 → 건강'과 연결지으면 '근력 → 건강 → 식단'으로 '근력 → 식단'을 도출할 수 있지만 이를 전제 1과 연결지을 수는 없으므로 '마라톤 → 건강'을 도출할 수 없다.
> ③을 기호화하면 '식단 ∧ ~근력'이다. 하지만 이 명제로는 연결지을 수 있는 전제가 없으므로 '마라톤 → 건강'을 도출할 수 없다.
> ④을 기호화하면 '(식단 ∧ 근력) → ~건강'이다. 하지만 이 명제로는 연결지을 수 있는 전제가 없으므로 '마라톤 → 건강'을 도출할 수 없다.

2.

답은 '사자 ∧ 물'이다. 이 전제와 '사자 → 고기'를 연결하면, 물을 좋아하는 사자가 존재하고 모든 사자는 고기를 좋아하므로 물을 좋아하는 존재 중 고기를 좋아하는 존재가 존재한다는 결론, 즉 '고기 ∧ 물'이 도출된다. 따라서 이 전제는 위와 같은 결론을 이끌어 내기 위해 필요한 전제이다.

> **오답풀이**
> ②은 '물 ∧ ~사자'이다. 이 전제를 '사자 → 고기'와 연결지어 '고기 ∧ 물'을 도출하는 것은 불가능하다.
> ③은 '사자 → ~물'이다. 이 전제를 '사자 → 고기'와 연결지어 '고기 ∧ 물'을 도출하는 것은 불가능하다.
> ④은 '~물 ∧ ~사자'이다. 이 전제를 '사자 → 고기'와 연결지어 '고기 ∧ 물'을 도출하는 것은 불가능하다.

논박불가 독학 가능! 기호 논리 시각화

혜선 쌤의 논리추론 시각화 1

전제 1: 마라톤 → (식단 ∨ 근력)
전제 2: 근력 → 건강
전제 3: _____ 식단 → 건강
―――――――――――――――――――
결론: 마라톤 → 건강

혜선 쌤의 야매꼼수

전제를 만들어 보기로 하자

혜선 쌤의 논리추론 시각화 2

전제 1: 사자 → 고기
전제 2: _____ 사자 ∧ 물
―――――――――――――――――――
결론: 고기 ∧ 물

혜선 쌤의 야매꼼수

전제가 2개인 경우에는 직접 전제를 만들어 보기

정답 1. ② 2. ①

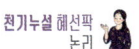

논리추론은 박혜선! 반박 불가 pin point

변별력 강화

01 다음 글의 밑줄 친 결론을 이끌어 내기 위해 추가해야 할 것은? 2025. 지방직 9급

> 마라톤을 하는 사람은 모두 식단을 조절하거나 근력 운동을 한다. 근력 운동을 하는 사람은 모두 건강하다. 따라서 <u>마라톤을 하는 사람은 모두 건강하다.</u>

① 건강한 사람은 모두 식단을 조절한다.
② 식단을 조절하는 사람은 모두 건강하다.
③ 식단을 조절하는 사람 중에 근력 운동을 하는 사람은 없다.
④ 식단 조절과 근력 운동을 병행하는 사람 중에 건강하지 않은 사람은 없다.

02 다음 글의 모든 문장이 참일 때, 밑줄 친 결론을 이끌어내기 위해 추가해야 할 것은?

> 모든 사자는 고기를 좋아한다. 따라서 <u>고기를 좋아하는 어떤 동물은 물을 좋아한다.</u>

① 사자 중 일부는 물을 좋아한다.
② 물을 좋아하는 어떤 동물은 사자가 아니다.
③ 사자는 모두 물을 좋아하지 않는다.
④ 물을 좋아하지 않는 어떤 동물은 사자가 아니다.

논리추론은 박혜선! 반박 불가 pin point

3.

'아침에 조깅하는 사람 ∧ 축구를 하는 사람'이다. 전제 1인 '축구를 하는 사람 → 건강'과 결합하면 결론인 '건강 ∧ 아침에 조깅하는 사람'이 도출이 된다.

오답풀이
① 은 '아침에 조깅하지 않는 사람 ∧ 축구를 하는 사람'이다. 전제 1인 '축구를 하는 사람 → 건강'과 결합하여 '건강 ∧ 아침에 조깅하지 않음'을 도출하는 것은 가능하나 '건강 ∧ 아침에 조깅하는 사람'을 도출하는 것은 불가능하다.
② 은 '아침에 조깅하지 않는 사람 → 축구를 하는 사람'이다. 전제 1인 '축구를 하는 사람 → 건강'과 결합하여 '아침에 조깅하지 않는 사람 → 건강'을 도출하는 것은 가능하나 '건강 ∧ 아침에 조깅하는 사람'을 도출하는 것은 불가능하다.
④ 는 '아침에 조깅하는 사람 ∧ 축구를 하지 않는 사람'이다. 전제 1인 '축구를 하는 사람 → 건강'과 결합하여 '건강 ∧ 아침에 조깅하는 사람'을 도출하는 것은 불가능하다.

4.

'에세이'가 추가되면 전제 1에 의해 만화는 고객들이 좋아하는 장르가 아니고, 전제 2에 의해 시집은 고객들이 좋아하는 장르가 된다. 그러면 전제 3의 대우명제에 의해 소설은 고객들이 좋아하는 장르가 아니라는 결론이 도출된다.

오답풀이
① 은 '만화'이다. 이 전제가 보충되면 전제 1의 대우 명제에 의해 '~에세이'가 도출되며, 전제 2에 의해 '~시집'만 도출될 뿐이므로 밑줄 친 결론을 도출하는 것이 불가능하다.
③ 은 '~에세이'이다. 이 전제를 추가하면 이 전제를 비롯해서 전제 1, 2, 3을 아무 것도 활용할 수 없으므로 밑줄 친 결론을 도출하는 것이 불가능하다.
④ 은 '~시집'이다. 이 전제가 보충되면 전제 2에 의해 만화는 고객들이 좋아하는 장르이고, 전제 1에 의해 에세이는 고객들이 좋아하는 장르가 아니다. 하지만 이를 통해 소설이 고객들이 좋아하는 장르가 아니라는 결론을 도출하는 것은 불가능하다.

논박불가 독학 가능! 기호 논리 시각화

 혜선 쌤의 **논리추론 시각화** 3

전제 1: 축구 → 건강
전제 2: _____ 조깅 ∧ 축구
―――――――――――――――――――
결론: 건강 ∧ 조깅

혜선 쌤의 **야매꼼수**

전제가 2개인 경우에는 직접 전제를 만들어 보기

 혜선 쌤의 **논리추론 시각화** 4

전제 1: 에세이 → ~만화 ≡ 만화 → ~에세이
전제 2: (만화 ∧ ~시집) ∨ (~만화 ∧ 시집)
전제 3: 소설 → ~시집 ≡ 시집 → ~소설
전제 4: _____ 에세이
―――――――――――――――――――
결론: ~소설

 혜선 쌤의 **야매꼼수**

전제 3개 이상부터는 퍼즐을 직접 넣어 보기

정답 3. ③ 4. ②

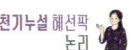

논리추론은 박혜선! 반박 불가 pin point

03 다음과 같이 전제와 결론이 주어질 때, 결론이 반드시 참이 되도록 하는 '전제 2'로 적절한 것은?

> 전제 1: 축구를 하는 사람은 모두 건강하다.
> 전제 2: _____.
> 결론: 어떤 건강한 사람은 아침에 조깅을 한다.

① 아침에 조깅하지 않는 어떤 사람은 축구를 한다.
② 아침에 조깅하지 않는 사람은 모두 축구를 한다.
③ 아침에 조깅하는 어떤 사람은 축구를 한다.
④ 아침에 조깅하는 어떤 사람은 축구를 하지 않는다.

04 한 서점의 매니저는 고객들의 선호도를 조사하던 중, 설문지에 다음과 같은 메모를 발견하였다. 매니저가 이 메모를 보고 "아, 고객들이 소설을 좋아하지 않는구나!"라고 믿기 위해 보충되어야 할 전제는?

> 고객들이 에세이를 좋아한다면, 만화를 좋아하지 않는다. 만화와 시집 중 하나만 고객들이 좋아하는 장르이다. 고객들이 소설을 좋아한다면, 시집을 좋아하지 않는다.

① 고객들이 만화를 좋아한다.
② 고객들이 에세이를 좋아한다.
③ 에세이는 고객들이 좋아하는 장르가 아니다.
④ 시집은 고객들이 좋아하는 장르가 아니다.

논리추론은 박혜선! 반박 불가 pin point

5.

각 문장을 기호로 나타내면 우측과 같다.
'~태훈'이 추가되면 전제 2에 의해 '지민'이 도출되고, 전제 3에 의해 '~민규'가 도출된다.

오답풀이
① '진수'가 추가되면 이를 비롯해 전제 1, 2, 3을 모두 활용할 수 없다. 따라서 '~민규'를 도출하는 것은 불가능하다.
② '~진수'가 추가되면 전제 1에 의해 '태훈'이 도출되고, 전제 2에 의해 '~지민'이 도출된다. 하지만 이를 통해 '~민규'를 도출하는 것은 불가능하다.
③ '~지민'이 추가되면 전제 2에 의해 '태훈'이 도출된다. 하지만 이를 통해 '~민규'를 도출하는 것은 불가능하다.

6.

결론의 전건 '협업 ∨ 발표'와 후건 '책임감 ∧ 소통'을 연결 지을 수 있는 전제, 또는 결론의 대우명제의 전건 '~책임감 ∨ ~소통'과 후건 '~협업 ∧ ~발표'를 연결 지을 수 있는 전제가 필요하다. 전제 2를 흡수 규칙(Absorption)을 이용하여 변형하면 '책임감 → (책임감 ∧ 소통)'이므로 '단체 → 책임감 ≡ ~책임감 → ~단체'를 추가한다면 가언삼단논법에 의해 전제 1의 대우명제 '(협업 ∨ 발표) → 단체', 추가한 전제 '단체 → 책임감', 그리고 흡수 규칙을 이용하여 변형한 '책임감 → (책임감 ∧ 소통)'을 연결하여 '(협업 ∨ 발표) → (책임감 ∧ 소통)'을 도출할 수 있다.

오답풀이
① '~단체 → 책임감'으로 이를 전제 2와 가언삼단논법으로 연결하여 '~단체 → 소통'을 도출할 수는 있으나 이를 통해 주어진 결론을 도출하는 것은 불가능하다.
② '~협업 → ~발표'는 전제 1 또는 2와 연결 지어 주어진 결론을 도출하는 것이 불가능하다.
③ '단체 → ~소통'으로 이를 전제 1과 가언삼단논법으로 연결하여 '(협업 ∨ 발표) → ~소통'을 도출할 수는 있으나 이를 통해 주어진 결론을 도출하는 것은 불가능하다.

논박불가 독학 가능! 기호 논리 시각화

혜선 쌤의 논리추론 시각화 5

전제 1: ~진수 → 태훈 ≡ (~태훈) → 진수
전제 2: (태훈 ∧ ~지민) ∨ (~태훈 ∧ 지민)
전제 3: 지민 → ~민규 ≡ 민규 → ~지민
전제 4: [   ] ~태훈

결론: ~민규

 혜선 쌤의 야매꿀수

전제 3개 이상부터는 선지를 직접 넣어 보기

혜선 쌤의 논리추론 시각화 6

전제 1: ~단체 → (~협업 ∧ ~발표)
　　　　≡ (협업 ∨ 발표) → 단체
전제 2: 책임감 → 소통
　　　　≡ 책임감 → (책임감 ∧ 소통)
전제 3: [   ] 단체 → 책임감

결론: (협업 ∨ 발표) → (책임감 ∧ 소통)
　　　≡ (~책임감 ∨ ~소통) → (~협업 ∧ ~발표)

 혜선 쌤의 야매꿀수

흡수 규칙을 사용해야 하는 문제!

정답 5. ④ 6. ④

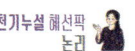

05 다음은 회사 프로젝트 팀 관련 기록이다. 팀장이 이 메모를 보고 "아, 민규가 팀장이 아니구나!"라고 확신하기 위해 보충되어야 할 전제는?

> 진수가 팀장이 아니라면, 태훈이가 팀장이다. 태훈이와 지민 중 한 사람만 팀장이다. 민규가 팀장이 아닐 경우에만, 지민이 팀장이다.

① 진수는 팀장이다.
② 진수는 팀장이 아니다.
③ 지민이는 팀장이 아니다.
④ 태훈이는 팀장이 아니다.

06 다음 글의 밑줄 친 결론을 이끌어 내기 위해 추가해야 할 것은?

> 단체 프로젝트에 참여하지 않는 모든 사람은 협업 훈련을 받지 않고 발표 연습도 하지 않는다. 소통 능력이 우수하지 않은 모든 사람은 책임감을 가지지 않는다. 따라서 <u>협업 훈련을 받거나 발표 연습을 하는 사람은 모두 책임감을 가지고 소통 능력이 우수한 사람이다.</u>

① 단체 프로젝트에 참여하지 않는 사람은 모두 책임감을 가진다.
② 협업 훈련을 받지 않는 사람은 모두 발표 연습을 하지 않는 사람이다.
③ 단체 프로젝트에 참여하는 사람은 모두 소통 능력이 우수하지 않다.
④ 단체 프로젝트에 참여하는 사람은 모두 책임감을 가지는 사람이다.

논리추론은 박혜선! 반박 불가 pin point

7.

전제와 결론을 모두 기호화해서 나타내면 우측과 같다. 결론의 전건 '관찰력', 후건 '망원경 ∧ 지도'를 연결 지을 수 있는 전제, 또는 결론의 대우명제의 전건 '~망원경 ∨ ~지도'과 후건 '~관찰력'을 연결 지을 수 있는 전제가 필요하다. 전제를 흡수 규칙(Absorption)을 이용하여 변형하면 '망원경 → (망원경 ∧ 지도)'를 도출할 수 있으므로, '관찰력 → 망원경 ≡ ~망원경 → ~관찰력'을 추가한다면 가언삼단논법에 의해 '관찰력 → (망원경 ∧ 지도) ≡ (~망원경 ∨ ~지도) → ~관찰력'이 도출된다. 따라서 추가해야 할 전제로 적절한 것은 '~망원경 → ~관찰력 ≡ 관찰력 → 망원경'이다.

오답풀이

① '~(망원경 ∧ 관찰력) ≡ ~망원경 ∨ ~관찰력 ≡ 망원경 → ~관찰력'으로 이를 전제와 연결 지어 '망원경 → (~관찰력 ∧ 지도)'를 도출하는 것은 가능하나, 이를 통해 주어진 결론을 도출하는 것은 불가능하다.
② '관찰력 → ~망원경'으로 이 명제로는 전제 1과 연결이 아예 불가능하다.
③ '~망원경 → ~지도'를 대우 규칙을 쓰면 '지도 → 망원경'인데 이를 전제 1과 연결 지으면 '지도 ↔ 망원경'의 필요충분조건의 결론만 도출될 뿐이므로 적절하지 않다.

논박불가 독학 가능! 기호 논리 시각화

 혜선 쌤의 논리추론 시각화 7

전제 1: 망원경 → 지도
　　　≡ 망원경 → (망원경 ∧ 지도)
전제 2: ▭　~망원경 → ~관찰력
　　　　　　≡ 관찰력 → 망원경
―――――――――――――――
결론: 관찰력 → (망원경 ∧ 지도)
　　　≡ (~망원경 ∨ ~지도) → ~관찰력

 혜선 쌤의 야매꼼수

흡수 규칙 사용하기

정답 7. ④

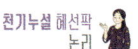

논리추론은 박혜선! 반박 불가 pin point

변별력 강화

07 다음 글의 밑줄 친 결론을 이끌어 내기 위해 추가해야 할 것은?

> 천체 망원경을 조작하는 모든 학생은 별자리 지도를 만든다. 따라서 <u>천체 망원경을 조작하지 않거나 별자리 지도를 만들지 않는 학생은 모두 관찰력 훈련이 부족하다.</u>

① 천체 망원경을 조작하는 학생 중에 관찰력이 충분한 학생은 없다.
② 관찰력 훈련이 충분한 학생은 모두 천체 망원경을 조작하지 않는다.
③ 천체 망원경을 조작하지 않는 학생은 모두 별자리 지도를 만들지 않는다.
④ 천체 망원경을 조작하지 않는 학생은 모두 관찰력 훈련이 부족하다.

생략된 전제 추론

Part 04

정답 및 해설 p.137

난도 중

01 다음 글의 밑줄 친 결론을 이끌어내기 위해 추가해야 할 것은?

> 과학책을 좋아하는 사람은 모두 문학을 좋아하는 사람이다. 문학을 좋아하는 어떤 사람은 역사책을 좋아하는 사람이다. 따라서 <u>역사책을 좋아하는 어떤 사람은 과학책을 좋아하는 사람이다.</u>

① 역사책을 좋아하지만 과학책을 좋아하지 않는 사람은 모두 문학을 좋아하는 사람이다.
② 문학을 좋아하는 사람은 모두 과학책을 좋아하는 사람이다.
③ 역사책을 좋아하는 모든 사람은 문학을 좋아하는 사람이다.
④ 과학책을 좋아하는 어떤 사람은 문학을 좋아하는 사람이다.

난도 중

02 다음 글의 모든 문장이 참일 때, '결론'을 이끌어내기 위해 추가해야 할 '전제 3'으로 적절한 것은?

> 전제 1: 클래식을 좋아하는 모든 사람은 록 음악을 좋아하지 않는다.
> 전제 2: 모든 음악가는 뛰어난 청력을 가지고 있다.
> 전제 3:
> 결론: 뛰어난 청력을 가진 어떤 사람은 록 음악을 좋아하지 않는다.

① 록 음악을 좋아하는 어떤 사람은 음악가가 아니다.
② 클래식을 좋아하지 않는 모든 사람은 음악가가 아니다.
③ 모든 음악가는 록 음악을 좋아한다.
④ 클래식을 좋아하는 어떤 사람은 뛰어난 청력을 가지고 있다.

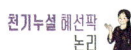

03 학교 동아리 회장이 다음 임원 선출과 관련된 기록에서 다음과 같은 메모를 발견하였다. 회장이 이 메모를 보고 "아, 현우가 차기 임원이 아니구나!"라고 믿기 위해 보충되어야 할 전제는?

> 수아가 차기 임원이라면, 민재가 차기 임원이 아니다. 민재와 지은 중 한 사람만 차기 임원이다. 현우가 차기 임원이 아닐 경우에만, 지은이 차기 임원이다.

① 수아가 차기 임원이 아니다.
② 지은이 차기 임원이 아니다.
③ 민재가 차기 임원이 아니다.
④ 민재가 차기 임원이다.

04 다음 글의 밑줄 친 결론을 이끌어 내기 위해 추가해야 할 전제는?

> 이 새로운 다이어트 방법이 효과가 있다면, 내 첫 번째 다이어트 이론이 옳다. 한편, 내 첫 번째 이론과 두 번째 이론이 동시에 옳을 수는 없다. 두 이론은 서로 다른 체중 감량 메커니즘을 설명하고 있기 때문이다. 그런데 만약 최근 연구 결과에 오류가 있다는 것이 밝혀진다면, 내 두 번째 이론이 옳다. 따라서 <u>이 새로운 다이어트 방법은 효과가 없다.</u>

① 최근 연구 결과에는 오류가 있다.
② 두 번째 다이어트 이론이 옳지 않을 것이다.
③ 첫 번째 다이어트 이론이 옳을 것이다.
④ 최근 연구 결과에는 오류가 없다.

05 다음 글의 밑줄 친 결론을 이끌어 내기 위해 추가해야 할 것은?

> 채식 식단을 지키는 모든 사람은 육류를 섭취하지 않는다. 따라서 면역력이 강하지 않은 모든 사람은 채식 식단을 지키고 육류를 섭취하지 않는다.

① 채식 식단을 지키는 사람은 모두 면역력이 강하지 않다.
② 채식 식단을 지키지 않는 사람은 모두 육류를 섭취한다.
③ 채식 식단을 지키지 않는 사람은 모두 면역력이 강하다.
④ 면역력이 강한 사람은 모두 채식 식단을 지킨다.

06 다음 글의 밑줄 친 결론을 이끌어 내기 위해 추가해야 할 것은?

> 의료기기 사용법을 익히지 않는 학생은 모두 동물 해부 과제를 수행하지 않는다. 수의학과 학생은 모두 병원 실습을 하거나 동물 해부 과제를 수행한다. 따라서 수의학과 학생은 모두 의료기기 사용법을 익힌다.

① 병원 실습을 하는 학생은 모두 의료기기 사용법을 익힌다.
② 의료기기 사용법을 익히는 학생은 모두 병원 실습을 한다.
③ 병원 실습을 하는 학생 중에 동물 해부 과제를 수행하는 학생은 없다.
④ 병원 실습을 하고 동물 해부 과제를 수행하는 학생 중에 의료기기 사용법을 익히는 학생은 없다.

07 다음 글의 밑줄 친 결론을 이끌어 내기 위해 추가해야 할 것은?

> 지질 탐사를 수행하는 사람은 모두 암석 표본을 수집하거나 시추 기록을 분석한다. 시추 기록을 분석하는 사람 중에 데이터 해석을 하는 사람은 없다. 따라서 지질 탐사를 수행하는 사람 중에 데이터 해석을 하는 사람은 없다.

① 지질 탐사를 수행하지 않는 사람은 모두 암석 표본을 수집하지 않고 시추 기록을 분석하지 않는다.
② 암석 표본을 수집하는 사람은 모두 데이터 해석을 한다.
③ 데이터 해석을 하는 사람 중 암석 표본을 수집하는 사람은 없다.
④ 데이터 해석을 하는 사람 중 암석 표본을 수집하는 사람이 있다.

08 다음 글의 밑줄 친 결론을 이끌어 내기 위해 추가해야 할 것은?

> 요리 실습을 하거나 재료 계량을 하는 모든 사람은 식품영양학 수업을 듣는 사람이다. 모든 꼼꼼한 사람은 위생 장비를 사용한다. 따라서 요리 실습을 하거나 재료 계량을 하는 모든 사람은 꼼꼼하고 위생 장비를 사용하는 사람이다.

① 식품영양학 수업을 듣는 사람은 모두 꼼꼼하지 않다.
② 식품영양학 수업을 듣는 사람은 모두 꼼꼼하다.
③ 꼼꼼한 사람은 모두 식품영양학 수업을 듣는 사람이다.
④ 재료 계량을 하는 사람은 모두 위생장비를 잘 사용한다.

- 모의 제1회
- 모의 제2회
- 모의 제3회
- 모의 제4회
- 모의 제5회
- 모의 제6회
- 모의 제7회

천기누설 혜선팍 논리

Part

05

자양강장제
(자연스러운 양치기&강제적인 장치)

모의 제1회

자연스러운 양치기 & 강제적인 장치

정답 및 해설 p.140

난도 하

01 다음 명제가 모두 참일 때, 항상 참인 것은?

> ○ 마늘을 심으면 고추도 심는다.
> ○ 양파를 심지 않으면 토마토를 심지 않는다.
> ○ 토마토를 심지 않으면 고추를 심지 않는다.

① 고추를 심으면 양파도 심는다.
② 마늘을 심으면 양파를 심지 않는다.
③ 토마토를 심으면 고추를 심는다.
④ 마늘을 심으면 토마토를 심지 않는다.

변별력 강화

02 다음 글의 밑줄 친 결론을 이끌어 내기 위해 추가해야 할 것은?

> 아침 조깅을 하지 않는 사람은 모두 마라톤 대회를 준비하지 않는다. 따라서 <u>마라톤 대회를 준비하지 않거나 아침 조깅을 하지 않는 사람은 모두 지구력이 뛰어나지 않다.</u>

① 마라톤 대회를 준비하지 않는 사람은 모두 아침 조깅을 하지 않는다.
② 마라톤 대회를 준비하는 사람 중에 지구력이 뛰어난 사람은 없다.
③ 지구력이 뛰어난 사람은 모두 마라톤 대회를 준비하지 않는다.
④ 마라톤 대회를 준비하지 않는 사람은 모두 지구력이 뛰어나지 않다.

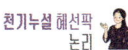

03 다음 빈칸에 들어갈 말로 가장 적절한 것은?

> 마라톤 대회에서 1위를 한 모든 선수는 국가 대표팀에 소속되었고, 국가 대표팀에 소속된 모든 사람은 세계 대회에서 경기를 치렀다. 그런데 1위를 한 모든 선수가 인터뷰에 응한 것은 아니다. 따라서 ☐

① 세계 대회에서 경기를 치르지 않은 어떤 선수는 마라톤 대회에서 1위를 했다.
② 세계 대회에서 경기를 치르지 않은 어떤 선수는 인터뷰에 응하지 않았다.
③ 세계 대회에서 경기를 치른 어떤 선수는 인터뷰에 응했다.
④ 국가 대표팀에 소속된 어떤 선수는 인터뷰에 응하지 않았다.

04 (가), (나)를 전제로 할 때, 빈칸에 들어갈 결론으로 적절한 것은?

> (가) 어떤 커피는 고가가 아니다.
> (나) 프리미엄 제품 중 고가가 아닌 것은 없다.
> 따라서 ☐

① 어떤 커피는 프리미엄 제품이다.
② 어떤 커피는 프리미엄 제품이 아니다.
③ 모든 커피는 프리미엄 제품이 아니다.
④ 고가이지만 프리미엄 제품이 아닌 것이 존재한다.

변별력 강화

05 다음 진술이 모두 참일 때 반드시 참인 것은?

> ○ 현지가 에어컨을 틀거나 선풍기를 틀지 않았다면, 현지는 아이스크림을 먹었다.
> ○ 현지는 선풍기를 틀지 않거나 냉장고를 열었다.
> ○ 현지가 물을 마시지 않았다면, 현지는 냉장고를 열지 않았다.
> ○ 현지는 아이스크림을 먹지 않았다.

① 현지는 에어컨을 켜지 않았고, 물을 마시지 않았다.
② 현지는 선풍기를 켰고, 물을 마셨다.
③ 현지는 에어컨을 켰고, 물을 마시지 않았다.
④ 현지는 선풍기를 켰고, 냉장고를 열지 않았다.

06 다음 글의 밑줄 친 결론을 이끌어내기 위해 추가해야 할 것은?

> 요리를 좋아하는 사람은 모두 재료를 좋아하는 사람이다. 재료를 좋아하는 어떤 사람은 향신료를 좋아하는 사람이다. 따라서 <u>향신료를 좋아하는 어떤 사람은 요리를 좋아하는 사람이다.</u>

① 향신료를 좋아하지만 요리를 좋아하지 않는 사람은 모두 재료를 좋아하는 사람이다.
② 재료를 좋아하는 사람은 모두 요리를 좋아하는 사람이다.
③ 향신료를 좋아하는 모든 사람은 재료를 좋아하는 사람이다.
④ 요리를 좋아하는 어떤 사람은 재료를 좋아하는 사람이다.

07 수현이는 서울 여행을 하면서 방문할 장소를 정하려고 한다. ㉠~㉣의 진술이 참이라고 할 때, 수현이가 방문할 장소를 모두 고르면?

> ㉠ 경복궁을 방문하지 않으면 남산타워를 방문하지 않는다.
> ㉡ 한강공원을 방문하지 않거나 남산타워를 방문한다.
> ㉢ 경복궁을 방문하면 국립중앙박물관을 방문한다.
> ㉣ 한강공원은 방문한다.

① 한강공원, 남산타워
② 한강공원, 남산타워, 국립중앙박물관
③ 한강공원, 경복궁, 국립중앙박물관
④ 한강공원, 남산타워, 경복궁, 국립중앙박물관

모의 제2회

자연스러운 양치기 & 강제적인 장치

정답 및 해설 p.143

 난도 중

01 다음 진술이 모두 참일 때, 반드시 참인 것은?

○ X가 도서관에 가지 않으면 Y는 도서관에 간다.
○ Z가 도서관에 가면 W도 도서관에 간다.
○ Y 또는 V가 도서관에 가면 W는 도서관에 가지 않는다.

① Z가 도서관에 갈 때 V가 도서관에 갈 수도 있다.
② Z가 도서관에 가면 X도 도서관에 간다.
③ X가 도서관에 가지 않으면 W는 도서관에 간다.
④ Y, V, Z가 모두 도서관에 갈 수도 있다.

난도 하

02 다음 전제들을 통해 '바닐라 아이스크림을 좋아하는 어떤 사람은 초콜릿 아이스크림을 좋아한다.'는 결론을 내고자 한다. 추가해야 할 전제로 적절한 것은 무엇인가?

○ 초콜릿 아이스크림을 좋아하는 어떤 사람은 딸기 아이스크림을 좋아한다.
○

① 딸기 아이스크림을 좋아하는 어떤 사람은 바닐라 아이스크림을 좋아한다.
② 딸기 아이스크림을 좋아하는 모든 사람은 바닐라 아이스크림을 좋아한다.
③ 초콜릿 아이스크림을 좋아하지 않고 딸기 아이스크림을 좋아하는 어떤 사람은 바닐라 아이스크림을 좋아한다.
④ 초콜릿 아이스크림을 좋아하는 모든 사람은 바닐라 아이스크림을 좋아한다.

혜선 쌤과 함께 따라가는
논·박·불·가 메모장

03 다음 글에서 추론할 수 있는 것으로 가장 적절한 것은?

> 과학적 재능이 있으면 연구 성과를 이루어낼 가능성이 높은 것은 맞으나, 재능이 있다고 해서 반드시 연구 성과를 이루어낸다고는 할 수 없다. 예를 들어, 한 과학자가 뛰어난 재능을 가지고 있다고 하자.
> 그러나 이 과학자는 학계의 인정을 받지도 못했고, 새로운 이론을 개발하지도 못했다. 우리는 이 과학자가 재능이 있다는 점은 인정할 수 있지만, 연구 성과를 이루어냈다고 하기는 힘들다. 왜냐하면 학계의 인정을 받지도, 새로운 이론을 개발하지도 못했기 때문이다.

① 재능은 연구 성과의 충분조건이다.
② 새로운 이론의 개발은 연구 성과의 충분조건이다.
③ 연구 성과는 학계 인정의 필요조건이다.
④ 학계의 인정이나 새로운 이론의 개발은 연구 성과의 필요조건이다.

04 학생인 예린은 월요일부터 일요일까지 중 다음 조건에 따라 독서할 요일을 정하려고 한다. 예린이 독서하게 될 요일을 모두 고른 것은?

> ○ 월요일에 쉬면 금요일부터 일요일까지 모두 독서한다.
> ○ 토요일에 독서하면 목요일에 쉰다.
> ○ 쉰 날 다음은 적어도 이틀을 연달아 독서한다.
> ○ 예린은 매주 월요일은 반드시 쉰다.

① 금, 토, 일
② 화, 금, 토, 일
③ 수, 금, 토, 일
④ 화, 수, 금, 토, 일

변별력 강화

05 ㉠~㉣에 대한 평가로 적절한 것을 <보기>에서 모두 고른 것은?

> ㉠ 어떤 직원은 업무 능력이 뛰어나다.
> ㉡ 업무 능력이 뛰어난 모든 사람은 리더십이 있다.
> ㉢ 리더십이 있는 모든 사람은 업무 능력이 뛰어나지 않다.
> ㉣ 어떤 직원은 리더십이 없다.

―〔보기〕―
㉮ ㉠과 ㉡이 참일 경우 ㉣은 반드시 참이다.
㉯ ㉠과 ㉢이 참일 경우 ㉣은 반드시 참이다.
㉰ ㉢과 ㉣이 참일 경우 ㉠은 반드시 참이다.

① ㉮
② ㉯
③ ㉮, ㉰
④ ㉯, ㉰

변별력 강화

06 ㉠~㉤이 모두 참일 때, <보기> 중 옳은 것만을 있는 대로 고른 것은?

> ㉠ 모든 스마트폰은 인기가 있다.
> ㉡ 카메라 기능이 있는 스마트폰이 있다.
> ㉢ 인기 있다고 해서 배터리 용량이 큰 것은 아니다.
> ㉣ 고장이 잘 나지 않는 어떤 것도 인기가 없다.
> ㉤ 모든 스마트폰에 5G 기능이 반드시 탑재된 것은 아니다.

―〔보기〕―
가. 카메라 기능이 있는 어떤 것은 고장이 잘 난다.
나. 5G 기능이 없는 어떤 것은 인기가 있다.
다. 배터리 용량이 크지 않은 어떤 것은 고장이 잘 난다.

① 나
② 가, 나
③ 나, 다
④ 가, 나, 다

07 다음 진술이 모두 참일 때 반드시 참인 것은?

> ○ 김씨가 회의에 참석하면 이씨와 박씨는 모두 참석하지 않는다.
> ○ 최씨 또는 장씨가 참석하면 박씨도 참석한다.
> ○ 황씨가 참석하지 않으면 박씨도 참석하지 않는다.
> ○ 이씨가 참석하면 박씨는 참석하지 않는다.

① 김씨가 참석하지 않으면 이씨 또는 박씨가 참석한다.
② 최씨가 참석하면 황씨는 참석하지 않는다.
③ 황씨가 참석하지 않으면 최씨와 장씨가 모두 참석하지 않는다.
④ 이씨가 참석하면 장씨도 참석한다.

모의 제3회

자연스러운 **양**치기 & **강**제적인 **장**치

정답 및 해설 p.146

01 (가)~(나)를 전제로 할 때, 빈칸에 들어갈 결론으로 적절한 것은?

> (가) 모든 교향곡은 음악 작품이다.
> (나) 모든 교향곡이 유명한 것은 아니다.
> 따라서 ▢

① 어떤 교향곡은 유명하다.
② 어떤 음악 작품은 유명하다.
③ 어떤 음악 작품은 유명하지 않다.
④ 어떤 음악 작품은 교향곡이 아니다.

02 다음 진술이 모두 참일 때, 반드시 참인 것은?

> ○ 영희 또는 지훈이 반드시 수업에 참여한다. 단, 둘 다 수업에 참여하지는 않는다.
> ○ 민수는 수업에 참여하지 않으면 영희와 준호는 모두 수업에 참여한다.
> ○ 소연이 수업에 참여하면 지훈도 수업에 참여한다.

① 지훈이 수업에 참여하면 민수가 수업에 참여하지 않는다.
② 민수가 수업에 참여하지 않으면 소연도 수업에 참여하지 않는다.
③ 민수가 수업에 참여하지 않으면서 소연이 수업에 참여할 수 있다.
④ 준호가 수업에 참여하지 않으면 민수도 수업에 참여하지 않는다.

03 다음 글의 모든 문장이 참일 때, '결론'을 이끌어내기 위해 추가해야 할 '전제 3'으로 적절한 것은?

> 전제 1 : 수학을 잘하는 모든 학생은 과학을 좋아하지 않는다.
> 전제 2 : 모든 과학자는 실험을 즐긴다.
> 전제 3 : _____
> 결론 : 실험을 즐기는 어떤 학생은 과학을 좋아하지 않는다.

① 수학을 잘하는 어떤 학생은 실험을 즐긴다.
② 수학을 잘하지 못하는 모든 학생은 과학자가 아니다.
③ 모든 과학자는 과학을 좋아한다.
④ 과학을 좋아하는 어떤 학생은 과학자가 아니다.

04 다음 대화의 ㉠에 들어갈 말로 가장 적절한 것은?

> 민재 : 이번 체험 프로그램 참여 결과를 보니까, 요리를 체험한 사람들 중 일부는 목공을 체험하지 않았더라.
> 수빈 : 맞아. 그런데 도예를 체험하지 않은 사람들은 모두 요리도 체험하지 않았더라고?
> 민재 : 아, 그러면 (㉠).

① 도예를 체험한 어떤 사람은 목공을 체험했겠구나
② 목공을 체험하지 않은 어떤 사람은 요리와 도예를 모두 체험했겠구나
③ 목공을 체험하지 않은 모든 사람은 도예를 체험했겠구나
④ 요리, 목공, 도예를 모두 체험한 사람이 있겠구나

05 다음은 한 고등학교 교사 A~D가 각각 문학, 수학, 생물, 지리 중 한 과목을 맡고 있다고 할 때, A~D의 발언이 모두 참이라고 가정하면, 각 교사가 맡은 과목이 올바르게 연결된 것은?

> A : 나는 수학이나 생물은 맡고 있지 않아.
> B : 나는 문학과 생물 중 하나를 맡고 있어.
> C : A와 D 중 한 명은 생물을 맡고 있어.
> D : 우리 네 명이 맡은 과목은 모두 다르다.

① A : 생물
② B : 문학
③ C : 지리
④ D : 수학

06 다음 글의 모든 문장이 참일 때, 밑줄 친 결론을 이끌어내기 위해 추가해야 할 것은?

> 모든 과학자들은 논리적이다. 따라서 <u>논리적인 어떤 사람은 수학에 능하다</u>.

① 수학에 능하지 못한 어떤 사람은 과학자가 아니다.
② 과학자 중 어떤 사람은 수학에 능하다.
③ 과학자들은 모두 수학에 능하지 못하다.
④ 수학에 능하지 못한 어떤 사람은 논리적이지 않다.

07 다음 글의 밑줄 친 결론을 이끌어 내기 위해 추가해야 할 것은?

> 토론 동아리에 가입한 학생은 모두 영화를 보지 않거나 글쓰기를 연습한다. 글쓰기를 연습하는 학생 중 표현력이 좋지 않은 학생은 없다. 따라서 <u>토론 동아리에 가입한 학생 중 표현력이 좋지 않은 학생은 없다.</u>

① 표현력이 좋은 학생은 모두 글쓰기를 연습한다.
② 영화를 보는 학생은 모두 표현력이 좋다.
③ 표현력이 좋지 않은 학생은 모두 영화를 본다.
④ 글쓰기를 연습하는 학생 중에 영화를 보는 학생은 없다.

모의 제4회

자연스러운 **양**치기 & **강**제적인 **장**치

정답 및 해설 p.149

난도 상

01 (가)~(라)가 모두 참이라고 할 때, 반드시 옳은 것을 고르면?

> (가) 어떤 과일은 당분을 함유하고 있다.
> (나) 모든 과일은 식물이다.
> (다) 어떤 것은 당분을 함유하면서 식물이 아니다.
> (라) 어떤 것은 식물이면서 당분을 함유하지 않는다.

① 모든 식물은 당분을 함유하고 있다.
② 당분을 함유하지 않는 과일이 존재한다.
③ 어떤 것은 식물이면서 당분을 함유하고 있다.
④ 당분을 함유하지 않는 과일은 존재하지 않는다.

난도 중

02 민준, 하영, 세진, 다현 네 명은 인사과, 총무과, 기획과, 회계과 중 한 부서에 각각 지원하려고 한다. 다음 조건에 따라 지원할 때, 민준이 지원할 부서로 가장 적절한 것은?

> ○ 민준, 하영, 세진, 다현 네 명은 모두 다른 부서에 지원한다.
> ○ 민준은 기획과에 지원하지 않는다.
> ○ 세진이 인사과에 지원하지 않으면 민준은 기획과에 지원한다.
> ○ 하영과 다현은 총무과에 지원하지 않는다.

① 인사과
② 총무과
③ 기획과
④ 회계과

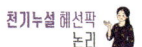

03 다음 진술이 모두 참일 때 반드시 참인 것은?

> ○ 지훈이는 두부를 사지 않거나 고기를 사지 않는다.
> ○ 지훈이는 김치찌개 또는 미역국을 끓였다.
> ○ 지훈이가 김치찌개나 된장찌개를 끓였다면, 지훈이는 두부를 샀다.
> ○ 지훈이는 미역국을 끓이지 않았다.

① 지훈이는 두부를 사지 않았다.
② 지훈이는 김치찌개를 끓이지 않았다.
③ 지훈이는 고기를 샀다.
④ 지훈이는 고기를 사지 않았다.

04 ㉠~㉣에 대한 평가로 적절한 것을 〈보기〉에서 모두 고른 것은?

> ㉠ 어떤 학생은 프로그래밍을 잘한다.
> ㉡ 알고리즘을 잘 아는 모든 사람은 프로그래밍을 잘하지 못한다.
> ㉢ 프로그래밍을 잘하는 모든 사람은 알고리즘을 잘 안다.
> ㉣ 모든 학생이 알고리즘을 잘 아는 것은 아니다.

〈보기〉
㉮ ㉠과 ㉡이 참일 경우 ㉣이 참이 아닐 수 있다.
㉯ ㉠과 ㉢이 참일 경우 ㉣은 참일 수 있다.
㉰ ㉢과 ㉣이 참일 경우 ㉠은 참일 수 있다.

① ㉮
② ㉮, ㉰
③ ㉯, ㉰
④ ㉮, ㉯, ㉰

05 은진 씨의 진술이 모두 참이라면, 그녀가 방문한 부스는 모두 몇 개인가?

> ○ D 부스를 방문한 것은 확실하다.
> ○ B 부스를 방문했다면 A와 C 부스는 방문하지 않았다.
> ○ A 부스를 방문하지 않았다면 E 부스는 방문했다.
> ○ E 부스를 방문했다면 D 부스는 방문하지 않았다.
> ○ C 부스와 E 부스 중 적어도 한 곳은 방문했다.

① 1곳
② 2곳
③ 3곳
④ 4곳

06 유리는 이번 학기에 수강할 과목을 정하기 위해 ㉠~㉢과 같은 기준을 세웠다. 이를 따를 때, 반드시 참인 것은?

> ㉠ 영어를 수강하면 수학은 수강하지 않는다.
> ㉡ 과학을 수강하면 역사도 수강한다.
> ㉢ 수학 또는 과학 중 적어도 하나의 과목을 수강한다. 단, 두 과목 모두 수강하지는 않는다.

① 적어도 2과목 이상 수강한다.
② 과학을 수강하면 영어를 수강한다.
③ 역사를 수강하면 영어를 수강하지 않는다.
④ 영어를 수강하면 역사를 수강한다.

07 재호는 주중 저녁에 할 운동 종목을 정하기 위해 ㉠~㉢과 같은 기준을 세웠다. 이를 따를 때, 반드시 참이라고 할 수 없는 것은?

> ㉠ 달리기를 하면 자전거를 타지 않는다.
> ㉡ 스트레칭을 하지 않으면 수영도 하지 않는다.
> ㉢ 자전거 타기와 수영 중 적어도 한 가지 운동을 한다.

① 달리기를 하면 스트레칭을 한다.
② 스트레칭을 하지 않으면 자전거를 탄다.
③ 수영을 할 때 달리기를 할 수도 있다.
④ 적어도 2가지 이상의 운동을 한다.

모의 제5회

자연스러운 **양**치기 & **강**제적인 **장**치

정답 및 해설 p.152

01 다음 진술이 모두 참일 때 반드시 참인 것은?

> ○ 나영이가 항공권을 예약했다면, 나영이는 울산을 여행하지 않았고 포항을 여행하지 않았다.
> ○ 나영이는 울산이나 강릉을 여행했다.
> ○ 나영이는 항공권을 예약했거나, 기차표를 예약하지 않았다.
> ○ 나영이는 기차표를 예약했다.

① 나영이는 울산을 여행했다.
② 나영이는 포항을 여행했다.
③ 나영이는 강릉을 여행했다.
④ 나영이는 항공권을 예약했고 강릉을 여행하지 않았다.

변별력 강화

02 한 출판사에서는 다음 조건에 따라 A~E 편집자 중 두 명 이상에게 프로젝트를 맡기려고 한다. 프로젝트 배정에 대한 다음 진술 중 반드시 참인 것은?

> ○ A 편집자 또는 E 편집자가 프로젝트를 맡으면 B 편집자는 프로젝트를 맡지 않는다.
> ○ B 편집자와 C 편집자 중 적어도 한 명은 프로젝트를 맡는다. 단, 두 편집자가 동시에 맡는 것은 불가능하다.
> ○ B 편집자가 프로젝트를 맡으면 D 편집자도 프로젝트를 맡는다.
> ○ C 편집자가 프로젝트를 맡으면 A 편집자와 D 편집자는 프로젝트를 맡지 않는다.

① A 편집자는 프로젝트를 맡지 않는다.
② B 편집자와 D 편집자가 프로젝트를 맡는다.
③ 세 명의 편집자가 프로젝트를 맡는다.
④ D 편집자는 프로젝트를 맡는다.

변별력 강화

03 ㉠~㉤이 모두 참일 때, 〈보기〉 중 적절한 것만을 모두 고른 것은?

㉠ 자동차 중 전기를 사용하지 않는 것은 없다.
㉡ 어떤 자동차는 내비게이션 기능이 있다.
㉢ 내비게이션 기능이 없는 어떤 것은 연비가 좋다.
㉣ 연비가 좋지 않은 어떤 것은 전기를 사용한다.
㉤ 모든 자동차가 연비가 좋은 것은 아니다.

〔보기〕
(가) 내비게이션 기능이 있는 어떤 것은 전기를 사용한다.
(나) 연비가 좋지 않은 어떤 것은 전기를 사용한다.
(다) 연비가 좋거나 자동차인 것은 존재하지 않는다.

① 가
② 가, 나
③ 나, 다
④ 가, 나, 다

변별력 강화

04 카페 매니저인 민재는 다음 조건에 따라 커피, 차, 주스, 디저트, 샌드위치 중에서 메뉴로 내놓을 품목을 정하려고 한다. ㉠~㉣의 진술이 모두 참일 때, 민재가 반드시 메뉴에 포함하지 않을 품목을 고르면?

㉠ 디저트나 샌드위치를 메뉴에 포함한다. 단, 디저트와 샌드위치를 모두 포함하지는 않는다.
㉡ 차를 메뉴에 포함하지 않으면 주스를 반드시 포함한다.
㉢ 커피 또는 차를 메뉴에 포함하면 디저트를 반드시 포함한다.
㉣ 디저트를 메뉴에 포함하면 커피와 주스는 포함하지 않는다.

① 샌드위치
② 차
③ 주스
④ 커피

05 다음 진술이 모두 참일 때 반드시 참인 것은?

> ○ 태훈이가 액션 영화를 봤거나 공포 영화를 보지 않았다면, 태훈이는 팝콘을 샀다.
> ○ 태훈이는 액션 영화를 봤거나, 드라마를 보지 않았다.
> ○ 태훈이는 팝콘을 산 적이 없다.

① 태훈이는 공포영화를 보지 않았다.
② 태훈이는 액션 영화를 봤다.
③ 태훈이는 드라마를 봤다.
④ 태훈이는 드라마를 보지 않았다.

06 ㉠~㉢에서 전제가 참일 때, 결론이 반드시 참인 논증을 모두 고르면?

> ㉠ 모든 생물학자는 세포가 생명의 기본 단위라고 주장해. 그런데 몇몇 분자생물학자는 세포가 생명의 기본 단위라고 주장해. 그렇다면 분자생물학자 중에는 생물학자가 있어.
> ㉡ 수학적으로 증명될 수 없는 명제는 어떤 것이든 논리적 참을 제공하지 않아. 그런데 모순 명제는 어떤 것도 수학적으로 증명될 수 없어. 그러므로 논리적 참을 제공하는 명제는 모두 모순 명제가 아닐 거야.
> ㉢ 모든 감각 기관을 가진 존재는 외부 자극을 인식할 수 있어. 그런데 기억이 없는 존재라면 외부 자극을 인식할 수 없어. 외부 자극을 인식할 수 없는 존재라면 기억이 없어. 따라서 감각 기관을 가진 존재 중 기억을 가진 존재가 있을 거야.

① ㉠
② ㉠, ㉡
③ ㉡, ㉢
④ ㉠, ㉡, ㉢

07 다음 글의 밑줄 친 결론을 이끌어 내기 위해 추가해야 할 것은?

> 팀 운동에 참여하지 않는 모든 사람은 패스를 연습하지 않고 전술 학습을 하지 않는다. 책임감이 있는 모든 사람은 협동심이 있다. 따라서 <u>패스를 연습하거나 전술 학습을 하는 사람은 모두 책임감이 있고 협동심이 있는 사람이다.</u>

① 팀 운동에 참여하지 않는 사람은 모두 책임감이 있다.
② 패스를 연습하는 사람은 모두 전술을 학습하지 않는 사람이다.
③ 책임감이 없는 모든 사람은 팀 운동에 참여하지 않는다.
④ 팀 운동에 참여하는 사람은 모두 협동심이 있다.

모의 제6회

01 ㉠~㉢에서 전제가 참일 때, 결론이 반드시 참인 논증을 모두 고른 것은?

> ㉠ 모든 회의론자는 진리를 절대적으로 신뢰하지 않아. 그런데 모든 실존주의자는 진리를 절대적으로 신뢰하지 않아. 따라서 회의론자 중 실존주의자가 있다고 할 수 있어.
>
> ㉡ 모든 합리적 존재는 논리적 사고를 할 수 있어. 하지만 모든 동물은 논리적 사고를 할 수 없어. 따라서 모든 동물은 합리적 존재가 아니라는 결론을 내릴 수 있어.
>
> ㉢ 모든 윤리적 이론이 반드시 보편적 도덕 원칙을 따르는 것은 아니야. 하지만 윤리적 이론이 사회적으로 영향력을 미치는 경우가 있지. 따라서 보편적 도덕 원칙을 따르지 않는 것 중 사회적으로 영향력이 있는 것이 반드시 존재해.

① ㉡
② ㉢
③ ㉠, ㉡
④ ㉠, ㉢

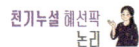

난도 중

02 다음 네 명의 연구원 A, B, C, D는 각각 스마트폰, 태블릿, 노트북, 데스크톱 중 한 가지 기기를 테스트하기로 했다. 각 연구원이 서로 다른 기기를 맡기로 할 때, 다음 조건이 모두 참일 때 C가 테스트할 기기를 올바르게 고른 것은?

○ A는 스마트폰과 태블릿을 맡지 않는다.
○ B는 노트북을 맡는다.
○ C가 데스크톱을 맡으면 A는 스마트폰을 맡는다.
○ A가 데스크톱을 맡으면 D는 스마트폰을 맡지 않는다.

① 스마트폰
② 태블릿
③ 노트북
④ 데스크톱

난도 중

03 다음 진술이 모두 참일 때 반드시 참인 것은?

○ 수빈이는 식용유를 사지 않았거나 소금을 사지 않았다.
○ 수빈이가 된장국이나 김치찌개를 끓였다면, 수빈이는 식용유를 샀다.
○ 수빈이는 된장국이나 미역국을 모두 끓이지 않은 것은 아니다.
○ 수빈이는 미역국을 끓이지 않았다.

① 수빈이는 소금을 샀다.
② 수빈이는 소금을 사지 않았다.
③ 수빈이는 김치찌개를 끓였다.
④ 수빈이는 된장국을 끓이고 소금을 샀다.

04 ㉠~㉢에서 전제가 참일 때, 결론이 반드시 참인 논증을 모두 고르면?

> ㉠ 합리적인 판단을 할 수 없다면 의사가 아니다. 그런데 어떤 엔지니어는 합리적인 판단을 할 수 있다. 그렇다면 엔지니어 중에는 의사가 있다.
> ㉡ 모든 예술가는 감성을 표현할 수 있다. 그러나 감성을 표현하지 못하는 사람이라면 상상력이 부족하다. 따라서 모든 예술가는 상상력이 풍부하다.
> ㉢ 도서관이 있는 곳 중에 조용하지 않은 도시는 없다. 그런데 서울에는 도서관이 있는 곳이 있다. 따라서 서울에는 조용한 곳이 존재한다.

① ㉡
② ㉢
③ ㉠, ㉡
④ ㉠, ㉢

05 경완이는 다음 진술에 따라 일본 여행 시 방문할 도시를 선택하려고 한다. ㉠~㉤의 진술이 참이라고 할 때, 경완이가 방문할 도시를 모두 고르면?

> ㉠ 도쿄와 오키나와 중 적어도 한 도시는 방문한다. 단, 두 도시를 모두 방문할 수는 없다.
> ㉡ 적어도 3개 이상의 도시를 방문한다.
> ㉢ 교토 또는 나고야를 방문하면 오사카를 방문하지 않는다.
> ㉣ 도쿄를 방문하면 교토도 방문한다.
> ㉤ 오사카를 방문하지 않으면 오키나와도 방문하지 않는다.

① 교토, 나고야, 오키나와
② 도쿄, 교토, 나고야
③ 도쿄, 오사카, 교토
④ 오사카, 교토, 나고야, 오키나와

난도 중

06 연구원은 실험 결과를 검토하던 중, 중요한 기록에서 다음과 같은 메모를 발견하였다. 연구원이 이 메모를 보고 "아, 실험 결과가 X 조건 때문이구나!"라고 믿기 위해 보충되어야 할 전제는?

> X 조건이 원인이 아니라면, Y 조건도 원인이 아니다. Y 조건과 Z 조건 중 한 조건만이 원인이다. Z 조건이 원인이 아닐 경우에만, W 조건이 원인이 아니다.

① Z 조건이 원인이라면, Y 조건은 원인이 아니다.
② Y 조건이 원인이 아니다.
③ W 조건은 원인이 아니다.
④ Z 조건이 원인이다.

변별력 강화

07 ㉠~㉤이 모두 참일 때, 〈보기〉 중 옳은 것만을 있는 대로 고른 것은?

> ㉠ 모든 운동선수는 건강하다.
> ㉡ 어떤 건강한 사람은 마라톤에 참가한다.
> ㉢ 건강하지 않은 어떤 사람은 마라톤에 참가한다.
> ㉣ 규칙적으로 운동하지 않는 모든 사람은 건강하지 않다.
> ㉤ 규칙적으로 운동하는 사람이 모두 마라톤에 참가하는 것은 아니다.

〈보기〉
가. 규칙적으로 운동하지 않는 모든 사람은 운동선수가 아니다.
나. 규칙적으로 운동하는 어떤 사람은 마라톤에 참가한다.
다. 규칙적으로 운동하지 않는 어떤 사람은 마라톤에 참가한다.

① 나
② 다
③ 가, 나
④ 나, 다

모의 제7회

자연스러운 **양**치기 & **강**제적인 **장**치

정답 및 해설 p.157

난도 중

01 네 명의 직원 A, B, C, D는 회사 워크숍에서 참가할 활동을 고르려고 한다. 다음 조건에 따라 하이킹, 요가, 사진촬영, 요리 중 하나를 선택한다고 할 때, 내릴 수 있는 결론으로 적절하지 않은 것은?

> ○ A는 요가와 요리 활동을 선택하지 않는다.
> ○ C가 하이킹을 선택하지 않으면 A는 하이킹을 선택한다.
> ○ B 또는 D가 사진 촬영을 선택하지 않으면 A는 요리 활동을 선택한다.
> ○ C는 요리 활동을 선택한다.

① 아무도 선택하지 않은 활동이 존재한다.
② A는 사진 촬영을 선택하지 않았다.
③ 두 명 이상의 직원이 같은 활동을 선택했다.
④ 요가를 선택한 직원이 있다.

변별력 강화

02 다음 글에서 추론할 수 있는 것으로 가장 적절한 것은?

> 좋은 의도가 있다고 해서 반드시 갈등을 해결할 수 있는 것은 아니다. 예를 들어, 한 팀의 리더가 팀 내 갈등을 해결하고자 하는 진심 어린 의도를 가지고 있다고 하자. 그러나 이 리더는 대화 방식이나 문제 접근 방식을 전혀 바꾸지 않았다. 우리는 이 리더의 갈등 해결 의도가 진심이었다는 점은 인정할 수 있지만, 실질적으로 갈등을 해결했다고 보기는 어렵다. 이는 갈등 해결을 위해서는 대화 방식과 문제 접근 방식에 모두 변화를 줄 필요가 있다는 것을 시사한다.

① 대화 방식 변화 또는 문제 접근 방식 변화는 갈등 해결의 필요조건이다.
② 대화 방식 변화는 좋은 의도의 필요조건이다.
③ 갈등 해결은 대화 방식 변화와 문제 접근 방식 변화의 충분조건이다.
④ 좋은 의도는 갈등 해결의 충분조건이다.

변별력 강화

03 다음 진술이 모두 참일 때 반드시 참인 것은?

> ○ 하늘이는 택시를 탔다.
> ○ 하늘이는 콜라를 마시지 않거나 밀크티를 마신다면, 커피를 마신다.
> ○ 하늘이는 지하철을 탔거나 커피를 마시지 않았다.
> ○ 하늘이가 지하철을 탔다면, 하늘이는 택시를 타지 않았고 버스는 탔다.

① 하늘이는 콜라를 마시지 않는다.
② 하늘이는 밀크티를 마시지 않는다.
③ 하늘이는 밀크티를 마신다.
④ 하늘이는 지하철을 타지 않고 밀크티를 마신다.

변별력 강화

04 ㉠~㉢에서 전제가 참일 때, 결론이 반드시 참인 논증을 모두 고르면?

> ㉠ 모든 환경 보호 활동은 지속 가능한 발전을 지향한다. 그런데 모든 재생 에너지 활용도 지속 가능한 발전을 지향한다고 볼 수 있다. 그러므로 재생 에너지 활용 중 환경 보호 활동이 반드시 존재한다고 할 수 있다.
> ㉡ 효과적인 교육 정책이면서 사회 통합을 증진하지 않는 정책은 존재하지 않는다. 그리고 어떤 평생 교육 제도는 효과적인 교육 정책이다. 그러므로 사회 통합을 증진하는 정책 중 평생 교육 제도가 존재한다.
> ㉢ 모든 자율 주행 차량은 정밀한 센서를 갖추고 있다. 하지만 모든 운송 수단이 정밀한 센서를 갖추고 있는 것은 아니다. 따라서 어떤 운송 수단은 자율 주행 차량이 아니라는 결론을 내릴 수 있다.

① ㉠
② ㉡
③ ㉠, ㉡
④ ㉡, ㉢

변별력 강화

05 어떤 지방자치단체에서는 다음 조건에 따라 전북, 경남, 충남, 충북, 강원 다섯 개 지역 중 두 개 이상의 지역에 특별 예산을 지원하려고 한다. ㉠~㉣의 진술이 모두 참일 때, 예산 지원에 관한 다음 진술 중 항상 참인 것은?

> ㉠ 경남 지역과 충남 지역 중 적어도 한 지역은 예산을 받지만, 두 지역 모두 예산을 받는 것은 불가능하다.
> ㉡ 전북 지역 또는 강원 지역이 예산을 받으면 경남 지역은 예산을 받지 않는다.
> ㉢ 경남 지역이 예산을 받으면 충북 지역도 예산을 받는다.
> ㉣ 충남 지역이 예산을 받으면 전북 지역과 충북 지역은 예산을 받지 않는다.

① 충남 지역은 예산을 받는다.
② 경남 지역과 충북 지역은 예산을 받는다.
③ 전북 지역은 예산을 받지 않는다.
④ 세 개 지역이 예산을 받는다.

변별력 강화

06 학생 A, B, C는 각각 축구, 농구, 배드민턴, 탁구 중 두 가지 운동을 선택하여 동아리 활동을 하려고 한다. 세 학생이 다음 조건에 따라 운동을 선택한다고 할 때, C가 선택할 운동 종목으로 올바른 것을 모두 고르면?

> ㉠ A는 배드민턴을 선택한다.
> ㉡ B가 축구 또는 농구를 선택하면 A는 배드민턴을 선택하지 않는다.
> ㉢ A, B, C 모두가 선택한 운동 종목은 없다.
> ㉣ C가 축구를 선택한다면 B는 탁구를 선택하지 않는다.

① 농구, 탁구
② 축구, 농구
③ 농구, 배드민턴
④ 배드민턴, 탁구

07 다음 진술이 모두 참일 때 반드시 참인 것은?

○ 진희는 아메리카노를 마시거나 쿠키를 먹지 않는다.
○ 진희는 낮잠을 자지 않거나 아메리카노를 마시지 않는다.
○ 진희가 쿠키를 먹지 않으면, 진희는 케이크를 먹지 않는다.
○ 진희는 케이크를 먹는다.

① 진희는 아메리카노를 마시지 않는다.
② 진희는 낮잠을 자지 않고 쿠키를 먹지 않는다.
③ 진희는 낮잠을 자지 않는다.
④ 진희는 낮잠을 잔다.

- Part 1 반드시 참인 명제

- Part 2 충분조건, 필요조건

- Part 3 빈칸에 들어갈 결론

- Part 4 생략된 전제 추론

- Part 5 자양강장제

천기누설 혜선팍 논리

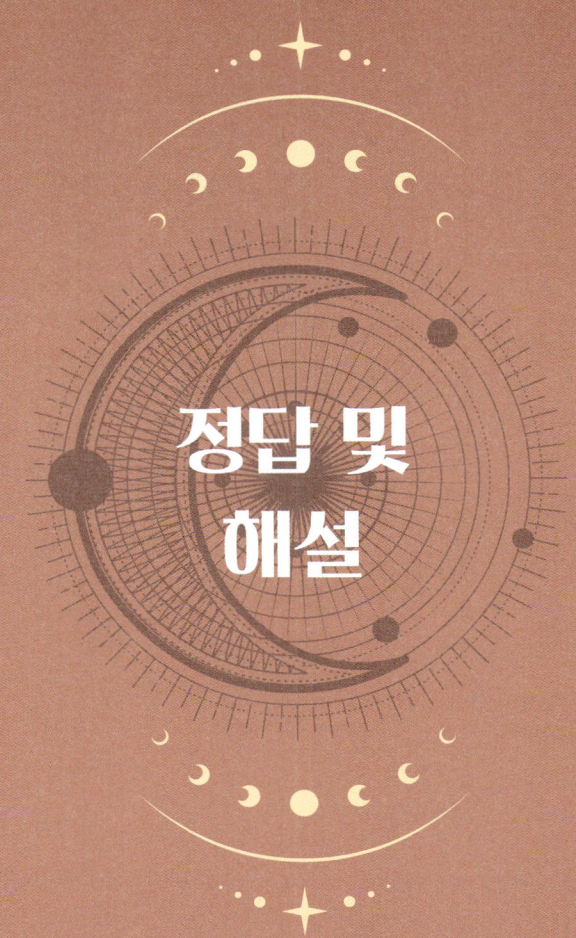

정답 및 해설

Part 01 반드시 참인 명제

각개전투 p.38

01. ③

```
○ 독서 → 강의 ≡ ~강의 → ~독서
○ ~발표 → ~강의 ≡ 강의 → 발표
○ 발표 → ~토론 ≡ 토론 → ~발표
○ ~토론 → 실습 ≡ ~실습 → 토론
```

세 번째 명제의 대우명제에 의해 '토론 → ~발표', 두 번째 명제에 의해 '~발표 → ~강의', 첫 번째 명제의 대우명제에 의해 '~강의 → ~독서'이므로 세 명제를 차례대로 연결하면 '토론 → ~독서'가 도출된다. 따라서 목요일에 토론을 하면 월요일에 독서를 하지 않는다.

오답풀이

① 첫 번째 명제에 의해 '독서 → 강의', 두 번째 명제의 대우명제에 의해 '강의 → 발표'이므로 두 명제를 연결하면 '독서 → 발표'가 도출된다. 그런데 이 선지는 '~독서 → ~발표'로 방금 도출한 명제의 이명제이다. 따라서 반드시 참인 명제라고 할 수 없다. 판단불가의 오류이다.
② 네 번째 명제의 대우명제에 의해 '~실습 → 토론', 세 번째 명제의 대우명제에 의해 '토론 → ~발표'이므로 두 명제를 연결하면 '~실습 → ~발표'가 도출된다. 그런데 이 선지는 '~실습 → 발표'이다. 반대의 오류이다.
④ 이 명제는 '~토론 → 발표'인데, 이는 세 번째 명제 '발표 → ~토론'의 역명제이다. 따라서 반드시 참인 명제라고 할 수 없다. 판단불가의 오류이다.

02. ④

```
○ 피자 → 파스타 ≡ ~파스타 → ~피자
○ ~초밥 → ~파스타 ≡ 파스타 → 초밥
○ 초밥 → ~토스트 ≡ 토스트 → ~초밥
○ ~육개장 → 토스트 ≡ ~토스트 → 육개장
```

세 번째 조건의 대우명제에 의해 '토스트 → ~초밥'이고, 두 번째 조건에 의해 '~초밥 → ~파스타'이므로 두 명제를 연결하면 '토스트 → ~파스타'가 도출된다. 따라서 토스트를 좋아하는 사람은 파스타를 좋아하지 않는다.

오답풀이

① '~피자 → ~파스타'로 이는 첫 번째 조건 '피자 → 파스타'의 이명제이다. 따라서 이 명제의 참, 거짓을 정확하게 판별하는 것은 불가능하다. 판단불가의 오류이다.
② 네 번째 조건에 의해 '~육개장 → 토스트'이고 세 번째 조건의 대우명제에 의해 '토스트 → ~초밥'이며 두 번째 조건에 의해 '~초밥 → ~파스타'이므로 세 명제를 순서대로 연결하면 '~육개장 → ~파스타'가 도출된다. 따라서 육개장을 좋아하지 않는 사람은 파스타도 좋아하지 않는다. 반대의 오류이다.
③ 첫 번째 조건에 의해 '피자 → 파스타'이고 두 번째 조건의 대우명제에 의해 '파스타 → 초밥'이며 세 번째 조건에 의해 '초밥 → ~토스트'이므로 세 명제를 순서대로 연결하면 '피자 → ~토스트'가 도출된다. 따라서 피자를 좋아하는 사람은 토스트를 좋아하지 않는다. 반대의 오류이다.

03. ①

갑은 '심리상담사 → 전문가 책임'을 전제로 제시하며 '전문가 책임 → 심리상담사'를 결론으로 도출하고 있다. 그러자 을은 갑의 결론을 듣고 그런 주장을 하려면 (가)가 참이어야 한다고 말하고 있다. ①은 '~심리상담사 → ~전문가 책임'으로 갑이 제시한 결론의 대우명제이므로 (가)에 들어갈 결론으로 적절하다.

오답풀이

② '심리상담사 ∧ ~전문가 책임'으로 이는 갑이 제시한 결론을 도출해 낼 수 없으므로 (가)에 들어갈 전제로 적절하지 않다.
③ '~전문가 책임 → 심리상담사'로 이를 갑이 제시한 전제와 연결 지어 갑의 결론을 정당화하는 것은 불가능하다.
④ '전문가 책임 ∧ ~심리상담사'로 이를 갑이 제시한 전제와 연결 지어 갑의 결론을 정당화하는 것은 불가능하다.

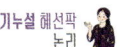

04. ④

```
○ A → (~B ∨ ~C) ≡ (B ∧ C) → ~A
○ ~B → ~D ≡ D → B
○ (~C ∨ ~D) → E ≡ ~E → (C ∧ D)
○ ~E
```

네 번째 조건에 의하여 E 동아리는 선정되지 않는 것이 확정된다. 그러면 세 번째 명제의 대우명제 '~E → (C ∧ D)'에 의해 C 동아리와 D 동아리는 모두 선정된다. D 동아리가 선정되었으므로, 두 번째 명제의 대우명제 'D → B'에 의해 B 동아리도 선정된다. 지금까지 B 동아리, C 동아리가 둘 다 선정된 것이 확인되었으므로, 첫 번째 명제의 대우명제 '(B ∧ C) → ~A'에 의해 A 동아리는 선정되지 않는다. 모두 종합하면, 지원 대상으로 선정되는 동아리는 "B, C, D"이다.

05. ③

수집한 진술을 모두 기호로 나타내면 다음과 같다.

```
○ ~E
○ (A ∨ B) → ~C ≡ C → (~A ∧ ~B)
○ 3명 이상
○ (~A ∨ ~D) → E ≡ ~E → (A ∧ D)
```

첫 번째 조건에 의해 '~E'이고 네 번째 조건의 대우명제에 의해 '~E → (A ∧ D)'이므로 'A'와 'D'가 도출된다. 'A'이고 두 번째 조건에 의해 '(A ∨ B) → ~C'이므로 두 번째 조건의 전건 'A ∨ B'가 만족되어 '~C'가 도출된다. 이제 B의 무단결석 여부를 결정해야 하는데, 현재까지 무단결석자는 A와 D로 2명이므로 3명 이상 무단결석했다는 세 번째 조건을 충족시키기 위해서는 B가 무단결석자가 되어야 한다. 따라서 A~E 중 어제 무단결석한 학생은 "A, B, D"이다.

06. ④

㉠~㉣을 기호화해서 나타내면 다음과 같다.

```
㉠ (~액션 ∨ ~코미디) → ~드라마
  ≡ 드라마 → (액션 ∧ 코미디)
㉡ 스릴러 → (로맨스 ∧ 다큐멘터리)
  ≡ (~로맨스 ∨ ~다큐멘터리) → ~스릴러
㉢ ~코미디 → ~다큐멘터리 ≡ 다큐멘터리 → 코미디
㉣ 드라마 ∨ 스릴러
```

㉣을 이용하여 〈드라마〉 영화를 감상하는 경우와 〈스릴러〉 영화를 감상하는 경우로 분류할 수 있다.

(1) 〈드라마〉 영화를 감상하는 경우
   ㉠의 대우명제에 의해, '액션 ∧ 코미디'가 도출된다. 따라서 이 경우 감상하는 영화 장르는 〈드라마〉, 〈액션〉, 〈코미디〉이다.

(2) 〈스릴러〉 영화를 감상하는 경우
   ㉡에 의해, '로맨스 ∧ 다큐멘터리'가 도출되고, 이 경우 '다큐멘터리'가 만족되므로 ㉢의 대우명제에 의해 '코미디'가 도출된다. 따라서 이 경우 감상하는 영화 장르는 〈스릴러〉, 〈로맨스〉, 〈다큐멘터리〉, 〈코미디〉이다.

따라서 (1)과 (2)에 의해 반드시 감상하는 영화 장르는 두 경우 모두에서 감상되는 〈코미디〉이다.

07. ④

주어진 조건을 기호화해서 나타내면 다음과 같다.

```
조건 1: 소설
조건 2: (~에세이 ∧ ~만화) → ~소설
      ≡ 소설 → (에세이 ∨ 만화)
조건 3: 만화 → ~잡지 ≡ 잡지 → ~만화
조건 4: ~잡지 → ~소설 ≡ 소설 → 잡지
```

조건 1	소설
조건 4 대우명제	소설 → 잡지
결론 1	잡지
조건 3 대우명제	잡지 → ~만화
결론 2	~만화

조건 1	소설
조건 2 대우명제	소설 → (에세이 ∨ 만화)
결론 3	(에세이 ∨ 만화)
결론 2	~만화
결론 4	에세이

조건 1과 결론 1, 2, 4에 의해 성호가 구매할 책을 모두 고른 것은 "소설, 에세이, 잡지"이다.

08. ④

먼저 (가)~(다)를 기호를 이용해서 나타내면 다음과 같다.

> (가) ~AI 보편화 → 사교육비 증가
> ≡ AI 보편화 ∨ 사교육비 증가
> (나) AI 보편화 → (맞춤형 학습 가능 ∧ 학원 의존도 감소)
> ≡ (~맞춤형 학습 가능 ∨ ~학원 의존도 감소) → ~AI 보편화
> (다) (~학원 의존도 감소 ∨ 공교육 질 향상) → ~사교육비 증가
> ≡ 사교육비 증가 → (학원 의존도 감소 ∧ ~공교육 질 향상)

(가)를 이용해서 먼저 경우의 수를 나눈다.

Case 1 AI 서비스가 보편화되고 사교육비가 증가하지 않는 경우
(AI 보편화 ∧ ~사교육비 증가)

'AI 보편화'이므로 (나)에 의해 '맞춤형 학습 가능 ∧ 학원 의존도 감소'가 도출된다. '~사교육비 증가'는 (다)의 후건에 있기 때문에 새로운 결론을 도출할 수 없으므로 '공교육 질 향상'에 대한 판단은 내릴 수 없다. 따라서 이 경우 도출되는 결론은 '맞춤형 학습 가능', '학원 의존도 감소'이다.

Case 2 AI 서비스가 보편화되지 않고 사교육비가 증가하는 경우
(~AI 보편화 ∧ 사교육비 증가)

'사교육비 증가'이므로 (다)의 대우명제에 의해 '학원 의존도 감소 ∧ ~공교육 질 향상'이 도출된다. '~AI 보편화'는 (나)의 후건에 있기 때문에 새로운 결론을 도출할 수 없으므로 이 경우 '맞춤형 학습 가능'에 대한 판단은 내릴 수 없다. 따라서 이 경우 도출되는 결론은 '학원 의존도 감소', '~공교육 질 향상'이다.

Case 3 AI 서비스가 보편화되고 사교육비가 증가하는 경우
(AI 보편화 ∧ 사교육비 증가)

'AI 보편화'이므로 (나)에 의해 '맞춤형 학습 가능 ∧ 학원 의존도 감소'가 도출된다. '사교육비 증가'이므로 (다)의 대우명제에 의해 '학원 의존도 감소 ∧ ~공교육 질 향상'이 도출된다. 따라서 이 경우 도출되는 결론은 '맞춤형 학습 가능', '학원 의존도 감소', '~공교육 질 향상'이다.

빈칸에 들어갈 결론은 반례가 없는 항상 참인 결론이어야 하므로 **Case 1, 2, 3**에서 공통적으로 참인 결론이 나와야 한다. 따라서 공통 결론인 '학원 의존도 감소'가 빈칸에 들어갈 결론으로 적절하다.

오답풀이

① '맞춤형 학습 가능'은 **Case 1, 3**에는 해당되지만 **Case 2**에서는 판단 불가이므로 빈칸에 들어갈 결론으로 적절하지 않다.
② '~사교육비 증가'는 **Case 1~3** 어느 경우에서도 얻을 수 있는 결론이 아니다.
③ '~공교육 질 향상'은 **Case 2, 3**에는 해당되지만 **Case 1**에서는 판단할 수 없으므로 빈칸에 들어갈 결론으로 적절하지 않다.

Part 02 충분조건, 필요조건

각개전투
p.56

01. ④

○ 체력 → 운동 ≡ ~운동 → ~체력
○ 영양 → 성장 ≡ ~성장 → ~영양

첫 번째 조건의 '체력 → 운동'에 의해 체력을 기르기 위해서 반드시 규칙적으로 운동해야 한다는 것은 적절하다.

오답풀이

① 두 번째 조건의 대우명제에 의해 '~성장 → ~영양(성장하지 않은 모든 사람은 영양을 골고루 섭취하지 않았다.)'이다. 따라서 "성장하지 않은 모든 사람이 영양을 잘 섭취하지 않은 것은 아니다"라는 주장과 일치하지 않으므로 옳지 않다.
② 이 명제는 운동 → 체력으로 첫 번째 조건의 역명제이다. 따라서 참, 거짓을 판단할 수 없으므로 반드시 참이라고 할 수 없다.
③ 두 번째 조건은 '영양 → 성장(영양을 골고루 섭취한 사람은 모두 성장한다.)'이다. 따라서 영양을 골고루 섭취한 사람 중 성장하지 않은 사람이 존재한다는 주장은 옳지 않다.

02. ②

○ 건강 → 운동 ≡ ~운동 → ~건강
○ 병원 진료 → 건강 ≡ ~건강 → ~병원 진료

두 번째 조건에 의해 '병원 진료 → 건강'이고 첫 번째 조건에 의해 '건강 → 운동'이므로 두 명제를 연결하면 '병원 진료 → 운동'이 성립한다. 따라서 병원 진료를 받기 위해서는 운동을 해야 한다.

오답풀이

① 이 명제는 '운동 → 건강'으로 첫 번째 조건의 역명제이다. 따라서 참, 거짓을 정확하게 판단할 수 없으므로 반드시 참이라고 할 수 없다.
③ 이 명제는 '~병원 진료 → ~건강'으로 두 번째 조건의 이명제이다. 따라서 참, 거짓을 정확하게 판단할 수 없으므로 반드시 참이라고 할 수 없다.
④ 두 번째 조건에 의해 '병원 진료 → 건강'이고 첫 번째 조건에 의해 '건강 → 운동'이므로 두 명제를 연결하면 '병원 진료 → 운동'이 성립한다. ④는 '운동 → 병원 진료'로 표현되는데, 이는 '병원 진료 → 운동'의 역명제이므로 참, 거짓을 정확하게 판단할 수 없다. 따라서 반드시 참인 명제라 할 수 없다.

03. ④

명제 1: 운동량 감소 → 체중 증가
　　　≡ ~체중 증가 → ~운동량 감소
명제 2: 체중 증가 → 건강 악화
　　　≡ ~건강 악화 → ~체중 증가

'명제 2'의 대우 명제인 '~건강 악화 → ~체중 증가'와 '명제 1'의 대우 명제인 '~체중 증가 → ~운동량 감소'를 매개항으로 서로 연결하면 '~건강 악화 → ~운동량 감소'의 명제도 참이 된다.

오답풀이

① 은 '체중 증가 → 운동량 감소'로 표현되는데, 이는 명제 1의 역명제이므로 항상 참이라고 보기 어렵다. 판단불가의 오류이다.
② 는 '건강 악화 → 체중 증가'로 표현되는데, 이는 명제 2의 역명제이므로 항상 참이라고 보기 어렵다. 판단불가의 오류이다.
③ 은 '~운동량 감소 → ~체중 증가'로 표현되는데, 이는 명제 1의 이의 명제에 해당하므로 항상 참이라고 보기 어렵다. 판단불가의 오류이다.

04. ①

> ○ 훌륭한 요리 → 신선한 재료
>   ≡ ~신선한 재료 → ~훌륭한 요리
> ○ 유명 셰프 → 맛집
>   ≡ ~맛집 → ~유명 셰프
> ○ 맛집 → 위생적 환경   ≡ ~위생적 환경 → ~맛집

두 번째 조건에 의해 '유명 셰프 → 맛집', 세 번째 조건에 의해 '맛집 → 위생적 환경'이므로 두 명제를 연결하면 '유명 셰프 → 위생적 환경' 즉, 유명 셰프가 만든 모든 음식은 위생적이다.

오답풀이

② 첫 번째 조건의 대우명제에 의해 '~신선한 재료 → ~훌륭한 요리'이다. 따라서 신선한 재료를 쓰지 않았으면 훌륭한 요리를 만들 수 없다.
③ '~맛집 → ~위생적 환경'은 세 번째 조건 '맛집 → 위생적 환경'의 이명제이다. 따라서 이 명제의 참, 거짓을 정확하게 판단할 수 없으므로 반드시 참인 명제라고 할 수 없다.
④ 두 번째 조건에 의해 '유명 셰프 → 맛집', 세 번째 조건에 의해 '맛집 → 위생적 환경'이므로 연결하면 '유명 셰프 → 위생적 환경'이다. 따라서 유명 셰프의 음식은 위생적인 환경을 위한 충분조건이지, 필요조건이 아니다.

05. ④

(1) 열정만 있다고 해서 프로젝트가 성공할 수 있는 것은 아니다.

> ≡ ~(열정 → 성공)
> ≡ 열정은 성공의 충분조건이 아니다.
> ≡ 성공은 열정의 필요조건이 아니다.

(2) 우리는 이 팀이 성공을 목표로 했음을 인정하지만, 그 목표를 달성할 가능성이 크다고 보지는 않는다. 이 팀은 기존의 방식을 바꾸지 않았기 때문이다.

> ≡ ~방식 변화 → ~성공 ≡ 성공 → 방식 변화
> ≡ 방식 변화는 성공의 필요조건이다.
> ≡ 성공은 방식 변화의 충분조건이다.

(2)에 의해 성공은 방식 변화의 충분조건이다.

오답풀이

① (1)에 의해 열정은 성공의 충분조건이 아니다.
② (2)에 의해 방식 변화는 성공의 필요조건이지, 충분조건은 아니다.
③ (2)에 의해 성공은 방식 변화의 충분조건이지만, 열정이 방식 변화의 충분조건이라고 할 수는 없다.

06. ②

(1) 재능이 있으면 예술적 성취를 이루어낼 가능성이 높은 것은 맞으나, 재능이 있다고 해서 반드시 예술적 성취를 이루어낸다고는 할 수 없다.

> ≡ ~(재능 → 예술적 성취)
> ≡ 재능은 예술적 성취의 충분조건이 아니다.
> ≡ 예술적 성취는 재능의 필요조건이 아니다.

(2) 우리는 이 예술가가 재능이 있다는 점은 인정할 수 있지만 예술적 성취를 이루어냈다고 하기는 힘들다. 왜냐하면 평단의 인정을 받지도, 새로운 기법을 정립하지도 못했기 때문이다.

> ≡ (~평단의 인정 ∧ ~새로운 기법의 정립) → ~예술적 성취
>   ≡ 예술적 성취 → (평단의 인정 ∨ 새로운 기법의 정립)
> ≡ 예술적 성취는 평단의 인정 또는 새로운 기법의 정립의 충분조건이다.
> ≡ 평단의 인정 또는 새로운 기법의 정립은 예술적 성취의 필요조건이다.

(2)에 의해 평단의 인정이나 새로운 기법의 정립은 예술적 성취의 필요조건이다.

오답풀이

① (1)에 의해 재능은 예술적 성취의 충분조건이 아니다.
③ (2)에 의해 예술적 성취는 평단의 인정 또는 새로운 기법의 정립의 충분조건이다. 예술적 성취가 평단의 인정의 필요조건이라고 할 수 없다.
④ (2)에 의해 평단의 인정 또는 새로운 기법의 정립이 예술적 성취의 필요조건이다. 새로운 기법의 정립이 예술적 성취의 충분조건이라고 할 수 없다.

Part 03 빈칸에 들어갈 결론

각개전투

p.80

01. ③

> (가) 역공이 → 합격 ≡ ~합격 → ~역공이
> (나) 학생 ∧ ~합격

(가)의 대우 명제와 '~합격 → ~역공이'와 '(나) 학생 ∧ ~합격'를 연결지으면 '(학생 ∧ ~합격) → ~역공이'를 도출할 수 있다. 따라서 합격하지 못하는 학생은 역공이가 아니라는 결론을 도출할 수 있다.

오답풀이

① 이 명제는 '학생 ∧ 역공이'인데 (가)의 대우 명제와 (나)를 연결하면 '학생 ∧ ~역공이'가 도출되나 그렇다고 해서 '학생 ∧ 역공이'가 참이라는 보장이 없으므로 결론으로 적절하지 않다.
② 이 명제는 '역공이 → 학생'인데 위의 전제로는 도출할 수 없는 결론이다.
④ 이 명제는 '역공이 ∧ ~합격'인데 (가)에 의해 역공이는 모두 합격을 하므로 이 명제는 결론으로 적절하지 않음을 알 수 있다.

02. ③

> (가) 자전거 → 교통 수단 ≡ ~교통 수단 → ~자전거
> (나) 바퀴 ∧ ~교통 수단
> (다) 자전거 ∧ 바퀴

(나)에 의해 바퀴가 있지만 교통수단이 아닌 것이 존재하고 (가)의 대우명제에 의해 교통수단이 아닌 것은 모두 자전거가 아니므로 바퀴가 있지만 교통수단이 아닌 것은 자전거가 아니다. 따라서 바퀴가 있으면서 자전거가 아닌 것이 존재한다. 즉, '바퀴 ∧ ~자전거'라는 결론을 도출할 수 있다.

오답풀이

① (가)에서 모든 자전거는 교통수단(자전거 → 교통수단)이라고 하였으므로 자전거이면서 교통수단이 아닌 것이 존재한다(자전거 ∧ ~교통수단)는 것은 적절하지 않다.

② (나)에서 바퀴가 있다고 해서 반드시 교통수단은 아니라(바퀴 ∧ ~교통수단)고 했으므로 바퀴가 있는 것은 모두 교통수단이라는(바퀴 → 교통수단) 것은 반드시 참이라는 보장이 없다.
④ (다)에서 자전거이면서 바퀴가 있는 것이 존재한다고(자전거 ∧ 바퀴) 하였으므로 바퀴가 있는 것은 모두 자전거가 아니라는(바퀴 → ~자전거) 것은 적절하지 않다.

03. ②

> ○ 식당 ∧ 맛있음
> ○ ~(~서비스 ∧ 식당)
>   ≡ 서비스 ∨ ~식당
>   ≡ ~서비스 → ~식당
>   ≡ 식당 → 서비스

②를 기호화하면 '(맛있음 ∧ 식당) → 서비스'이다. 이는 전제 1 '맛있음 ∧ 식당'과 전제 2 '식당 → 서비스'를 연결한 결론이므로 적절하다.

오답풀이

① 은 '식당 ∧ 서비스'로 표현할 수 있다. 주어진 전제들을 통해 '어떤 식당은 서비스가 좋다'는 결론을 도출하는 것은 불가능하다.
③ 은 '식당 ∧ ~서비스'로 표현할 수 있다. 서비스가 좋지 않은 식당은 존재하지 않는다. 이 선지는 두 번째 전제를 부정하는 반례이다.
④ '식당 ∧ ~맛있음'으로 표현할 수 있다. 두 전제를 통해 도출한 결론으로 적절하지 않다.

04. ①

> ㉠ 식물 ∧ 성장
> ㉡ 성장 → 햇빛 ≡ ~햇빛 → ~성장
> ㉢ ~성장 → ~햇빛 ≡ 햇빛 → 성장
> ㉣ 식물 ∧ ~햇빛

㉯ ㉣에 의해 식물 중 햇빛을 많이 받지 않는 것이 존재하고, ㉡의 대우명제에 의해 햇빛을 많이 받지 않는 모든 것은 빠르게 성장하지 않으므로 '식물 ∧ ~성장'이라는 결론을 도출할 수 있다. 따라서 '㉠ 식물 ∧ 성장'은 참일 수 있다는 것은 적절하다.

오답풀이

㉮ ㉠과 ㉡의 경우 매개항 '성장'이 ㉡의 대우명제의 후건에 있으므로 연결하는 것이 불가능하다.

㉰ ㉢과 ㉣의 경우 매개항 '~햇빛'이 ㉢의 명제의 후건에 있으므로 연결하는 것이 불가능하다.

05. ③

> ㉠ 요리사 ∧ 디저트
> ㉡ 국 요리 → ~디저트 ≡ 디저트 → ~국 요리
> ㉢ ~디저트 → 국 요리 ≡ ~국 요리 → 디저트
> ㉣ 요리사 ∧ ~국 요리

㉰ ㉣에 의해 요리사 중 국 요리를 잘 만들지 못하는 사람이 존재하고, ㉢의 대우명제에 의해 국 요리를 잘 만들지 못하는 모든 사람은 디저트를 잘 만들므로 요리사 중 디저트를 잘 만드는 사람이 있다는 결론을 내릴 수 있다. 따라서 ㉠은 반드시 참이다.

오답풀이

㉮ ㉠에 의해 요리사 중 디저트를 잘 만드는 사람이 존재하고, ㉡의 대우명제에 의해 디저트를 잘 만드는 모든 사람은 국 요리를 잘 만들지 못하므로 요리사 중 국 요리를 잘 만들지 못하는 사람이 존재한다는 결론을 내릴 수 있다. 따라서 ㉣은 반드시 참이므로 참이 아닐 수 있다는 것은 적절하지 않다.

㉯ ㉠과 ㉢의 경우 매개항 '디저트'가 ㉢의 대우명제의 후건에 있으므로 연결하여 '요리사 ∧ ~국 요리'를 도출하는 것은 불가능하다.

06. ④

㉠~㉢의 논증을 전제와 결론으로 나누어 기호로 표현하고 분석한다.

㉡

전제 1	합리 → 사회적 안정성
전제 2	~(~민주적 헌법 ∨ ~합리적) ≡ 민주적 헌법 ∧ 합리
결론	사회적 안정성 ∧ 민주적 헌법

전제 1에 의해 '합리 → 사회적 안정성'이고 전제 2에 의해 '민주헌법 ∧ 합리'이므로 '합리'를 매개항으로 하여 '사회적 안정성 ∧ 민주적 헌법'을 도출할 수 있다.

㉢

전제 1	~(인공지능 ∧ ~논리) ≡ ~인공지능 ∨ 논리 ≡ 인공지능 → 논리 ≡ ~논리 → ~인공지능
전제 2	~(생명체 → 논리) ≡ ~(~생명체 ∨ 논리) ≡ 생명체 ∧ ~논리
결론	생명체 ∧ ~인공지능

전제 1의 대우명제에 의해 '~논리 → ~인공지능'이고 전제 2에 의해 '생명체 ∧ ~논리'이므로 '~논리'를 매개항으로 하여 '생명체 ∧ ~인공지능'을 도출할 수 있다.

따라서 전제가 참일 때 결론이 반드시 참인 논증은 ㉡, ㉢이다.

오답풀이

㉠

전제 1	윤리 → 도덕
전제 2	공리주의 → 도덕
결론	공리주의 ∧ 윤리

전제 1 '윤리 → 도덕'과 전제 2 '공리주의 → 도덕'의 후건이 '도덕'으로 일치하지만 이를 통해 각 명제의 전건인 '윤리'와 '공리주의'의 교집합이 반드시 존재한다는 결론, 즉 '공리주의 ∧ 윤리'를 도출하는 것은 불가능하다.

Part 04 생략된 전제 추론

각개전투
p.94

01. ②

```
전제 1 : 과학책 → 문학
전제 2 : 문학 ∧ 역사책 ≡ 역사책 ∧ 문학
전제 3 : [           ] 문학 → 과학책
─────────────────────────────
결론 : 역사책 ∧ 과학책 ≡ 과학책 ∧ 역사책
```

②은 '문학 → 과학책'이다. 만약 '문학 → 과학책'이 추가된다면, '문학 ∧ 역사책'에 의해 결론인 '과학책 ∧ 역사책'을 도출할 수 있다.

오답풀이

① 은 '(역사책 ∧ ~과학책) → 문학'으로, 이 전제를 주어진 전제 1 '과학책 → 문학', 전제 2 '문학 ∧ 역사책'과 연결할 수 없으므로 '과학책 ∧ 역사책'을 도출하는 것은 불가능하다.
③ 은 '역사책 → 문학'으로, 이를 통해 결론인 '과학책 ∧ 역사책'을 도출할 수 없다.
④ 은 '과학책 ∧ 문학(특칭 긍정)'으로, 이는 주어진 전제 1 '과학책 → 문학(전칭 긍정)'으로부터 도출할 수 있는 의미 없는 결론이다. 따라서 추가해야 할 전제로 적절하지 않다.

02. ④

```
전제 1 : 클래식 → ~록 ≡ 록 → ~클래식
전제 2 : 음악가 → 청력 ≡ ~청력 → ~음악가
전제 3 : [           ] 클래식 ∧ 청력
─────────────────────────────
결론 : 청력 ∧ ~록
```

④은 '클래식 ∧ 청력'이다. '클래식 ∧ 청력(≡ 청력 ∧ 클래식)'이 추가되면 전제 1의 '클래식 → ~록'과 연결되어 '청력 ∧ ~록 (≡ ~록 ∧ 청력)'을 결론으로 도출할 수 있다.

오답풀이

①은 '록 ∧ ~음악가(≡ ~음악가 ∧ 록)'이다. 이와 연결이 되는 전제 1의 대우 관계인 '록 → ~클래식'과 연결을 하여도 결론은 '~음악가 ∧ ~클래식'이 도출될 뿐이므로 결론인 '청력 ∧ ~록'을 도출하는 것은 불가능하다.
②은 '~클래식 ∧ ~음악가'이다. '~클래식 → ~음악가'가 추가되면 전제 1 '록 → ~클래식'과 연결되어 '록 → ~음악가'만 결론으로 도출되므로 적절하지 않다.
③은 '음악가 → 록'이다. '음악가 → 록'이 추가되어도 전제 1의 대우명제인 '록 → ~클래식'과 연결되어 '음악가 → ~클래식'이라는 결론만 도출되므로 결론인 '청력 ∧ ~록'을 도출하는 것은 불가능하다.

03. ③

각 문장을 기호로 나타내면 다음과 같다.

```
전제 1 : 수아 → ~민재 ≡ 민재 → ~수아
전제 2 : (민재 ∧ ~지은) ∨ (~민재 ∧ 지은)
전제 3 : 지은 → ~현우 ≡ 현우 → ~지은
전제 4 : [           ] ~민재
─────────────────────────────
결론 : ~현우
```

결론인 '~현우'를 도출하기 위해서는 전제 3의 전건인 '지은'이 필요하다. '~민재'가 추가된다면 전제 2에 의해 '지은'이 도출되고, 전제 3에 의해 '~현우'가 도출된다.

오답풀이

① '~수아'가 추가되면 이를 비롯해 전제 1, 2, 3을 모두 활용할 수 없다.
② '~지은'을 추가하면 전제 2에 의해 '민재'가 도출된다. 전제 1의 대우명제에 의해 '~수아'가 도출되지만, 이를 통해 '~현우'를 도출하는 것은 불가능하다.
④ '민재'이다. 이 전제를 추가하면 전제 1 대우명제에 의해 '~수아'가 도출되고 전제 2에 의해 '~지은'이 도출된다. 하지만 이를 통해 '~현우'를 도출하는 것은 불가능하다.

04. ①

각 문장을 기호로 나타내어 해석한다.

```
○ 전제 1: 다이어트 방법 효과 → 첫 번째 이론
          ≡ ~첫 번째 이론 → ~다이어트 방법 효과
○ 전제 2: ~(첫 번째 이론 ∧ 두 번째 이론)
          ≡ ~첫 번째 이론 ∨ ~두 번째 이론
          ≡ 첫 번째 이론 → ~두 번째 이론
          ≡ 두 번째 이론 → ~첫 번째 이론
○ 전제 3: ~최근 연구 결과 → 두 번째 이론
          ≡ ~두 번째 이론 → 최근 연구 결과
○ 전제 4: [                    ] ~최근 연구 결과
─────────────────────────────────────
○ 결론: ~다이어트 방법 효과
```

'~최근 연구 결과'가 추가된다면 전제 3에 의해 두 번째 이론이 옳다. 그러면 전제 2에 의해 첫 번째 이론은 옳지 않고, 전제 1의 대우명제에 의해 다이어트 방법의 효과가 없다. 따라서 이 전제를 추가하여 밑줄 친 결론을 이끌어 낼 수 있다.

> **오답풀이**

② '~두 번째 이론'이 추가된다면 전제 3의 대우명제에 의해 최근 연구 결과에는 오류가 없다는 결론이 도출된다. 하지만 이를 통해 새로운 다이어트 방법에는 효과가 없다는 결론을 도출하는 것은 불가능하다.
③ '첫 번째 이론'이 추가된다면 전제 2에 의해 두 번째 이론은 옳지 않다. 그러면 전제 3의 대우명제에 의해 최근 연구 결과에는 오류가 없다. 하지만 이를 통해 새로운 다이어트 방법에는 효과가 없다는 결론을 도출하는 것은 불가능하다.
④ '최근 연구 결과'가 추가되어도 전제 1~3과 연결 지어 새로운 결론을 도출할 수는 없다.

05. ③

```
전제 1: 채식 → ~육류 ≡ 채식 → (채식 ∧ ~육류)
전제 2: [              ] ~채식 → 면역
                       ≡ ~면역 → 채식
─────────────────────────────────────
결론: ~면역 → (채식 ∧ ~육류)
      ≡ (~채식 ∨ 육류) → 면역
```

결론의 전건 '~면역'과 후건 '채식 ∧ ~육류'를 연결 지을 수 있는 전제, 또는 결론의 대우명제의 전건 '~채식 ∨ 육류'와 후건 '면역'을 연결 지을 수 있는 전제가 필요하다. 전제 1을 흡수 규칙(Absorption)을 이용하여 변형하면 '채식 → (채식 ∧ ~육류) ≡

(~채식 ∨ 육류) → ~채식'이므로, '~면역 → 채식 ≡ ~채식 → 면역'을 추가한다면 가언삼단논법에 의해 '~면역 → (채식 ∧ ~육류)'를 도출할 수 있다.

> **오답풀이**

① '채식 → ~면역'으로 이를 전제와 연결하면 '채식 → (~육류 ∧ ~면역)'를 도출할 수는 있으나, 이를 통해 주어진 결론을 도출하는 것은 불가능하다.
② '~채식 → 육류'로 이는 전제 1의 이명제이다.
④ '면역 → 채식'으로 이를 전제와 가언삼단논법으로 연결 지어 '면역 → 육류'를 도출하는 것은 가능하나, 이를 통해 주어진 결론을 도출하는 것은 불가능하다.

06. ①

전제와 결론을 모두 기호화해서 나타내면 다음과 같다.

```
전제 1: ~의료기기 → ~해부 ≡ 해부 → 의료기기
전제 2: 수의학 → (병원 ∨ 해부)
        ≡ (~병원 ∧ ~해부) → ~수의학
전제 3: [              ] 병원 → 의료기기
─────────────────────────────────────
결론: 수의학 → 의료기기 ≡ ~의료기기 → ~수의학
```

결론의 전건인 '수의학', 결론의 후건인 '의료기기'를 연결 지을 수 있는 전제, 또는 결론의 대우명제의 전건인 '~의료기기'와 후건인 '~수의학'을 연결 지을 수 있는 전제가 필요하다. 전제 1에 의해 '~의료기기 → ~해부'이므로 '~의료기기 → ~병원'이 추가된다면 '~의료기기 → (~병원 ∧ ~해부)'가 도출되고, 이를 전제 2의 대우명제 '(~병원 ∧ ~해부) → ~수의학'과 연결하면 가언삼단논법에 의해 '~의료기기 → ~수의학 ≡ 수의학 → 의료기기'가 도출된다. 따라서 추가해야 할 전제로 적절한 것은 '~의료기기 → ~병원 ≡ 병원 → 의료기기'이다.

> **오답풀이**

② 은 '의료기기 → 병원'이다. 이 명제를 전제 1과 연결지어 '해부 → 병원'을 도출하는 것은 가능하나 이를 통해 결론인 '수의학 → 의료기기'를 도출하는 것은 불가능하다.
③ 은 '~(병원 ∧ 해부) ≡ ~병원 ∨ ~해부 ≡ 병원 → ~해부'이다. 이 명제를 전제 1 또는 2와 연결지어 새로운 결론을 도출하는 것은 불가능하다.
④ 은 '~(병원 ∧ 해부) ∧ 의료기기 ≡ (~병원 ∨ ~해부) ∨ ~의료기기'이다. 여기에서 '~병원 ∨ ~의료기기'를 뽑으면 단순함축으로 '병원 → ~의료기기'를 도출할 수 있다. 이것을 전제 1과 연결하면 '병원 → ~해부'만 결론으로 도출될 뿐이므로 적절하지 않다.

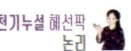

07. ③

전제와 결론을 모두 기호화해서 나타내면 다음과 같다.

```
전제 1: 탐사 → (표본 ∨ 시추)
       ≡ (~표본 ∧ ~시추) → ~탐사
전제 2: ~(시추 ∧ 해석) ≡ ~시추 ∨ ~해석
       ≡ 시추 → ~해석 ≡ 해석 → ~시추
전제 3: [          ] 해석 → ~표본
─────────────────────────────
결론 : ~(탐사 ∧ 해석) ≡ ~탐사 ∨ ~해석
      ≡ 탐사 → ~해석 ≡ 해석 → ~탐사
```

결론의 전건인 '탐사'와 후건인 '~해석'을 연결 지을 수 있는 전제, 또는 결론의 대우명제의 전건인 '해석'과 후건인 '~탐사'를 연결 지을 수 있는 전제가 필요하다. 전제 2에 의해 '해석 → ~시추'이고, 전제 1의 대우명제에 의해 '(~표본 ∧ ~시추) → ~탐사'이므로, '해석 → ~표본'이 추가된다면 '해석 → (~표본 ∧ ~시추)'가 도출되고, 이를 전제 1의 대우명제 '(~표본 ∧ ~시추) → ~탐사'와 가언삼단논법을 통해 연결하면 결론인 '해석 → ~탐사'가 도출된다. 따라서 추가해야 할 전제로 적절한 것은 '해석 → ~표본 ≡ 표본 → ~해석 ≡ ~해석 ∨ ~표본 ≡ ~(해석 ∧ 표본)'이다.

오답풀이

① '~탐사 → (~표본 ∧ ~시추)'로 이는 전제 1의 역명제이며 전제 1 또는 2와 연결 지어 주어진 결론을 도출하는 것이 불가능하다.
② '표본 → 해석'으로 이를 전제 2와 가언삼단논법으로 연결하여 '표본 → ~시추'를 도출하는 것은 가능하나 이를 통해 주어진 결론을 도출하는 것은 불가능하다.
④ '해석 ∧ 표본'으로 이를 전제 2와 연결하여 '~시추 ∧ 표본'을 도출하는 것은 가능하나 이를 통해 주어진 결론을 도출하는 것은 불가능하다.

08. ②

전제와 결론을 모두 기호화해서 나타내면 다음과 같다.

```
전제 1: (실습 ∨ 계량) → 수업
       ≡ ~수업 → (~실습 ∧ ~계량)
전제 2: 꼼꼼 → 위생 ≡ 꼼꼼 → (꼼꼼 ∧ 위생)
전제 3: [          ] 수업 → 꼼꼼
─────────────────────────────
결론 : (실습 ∨ 계량) → (꼼꼼 ∧ 위생)
      ≡ (~꼼꼼 ∨ ~위생) → (~실습 ∧ ~계량)
```

결론의 전건 '실습 ∨ 계량'과 후건 '꼼꼼 ∧ 위생'을 연결 지을 수 있는 전제, 또는 결론의 대우명제의 전건 '~꼼꼼 ∨ ~위생'과 후건 '~실습 ∧ ~계량'을 연결 지을 수 있는 명제가 필요하다. 전제 2를 흡수 규칙(Absorption)을 이용하여 변형하면 '꼼꼼 → (꼼꼼 ∧ 위생)'이므로 '수업 → 꼼꼼 ≡ ~꼼꼼 → ~수업'을 추가한다면 가언삼단논법에 의해 '(실습 ∨ 계량) → 수업'과 '수업 → 꼼꼼', 그리고 '꼼꼼 → (꼼꼼 ∧ 위생)'을 연결하여 '(실습 ∨ 계량) → (꼼꼼 ∧ 위생)'을 도출할 수 있다.

오답풀이

① 은 '수업 → ~꼼꼼'으로 이를 전제 1과 가언삼단논법으로 연결하여 '(실습 ∨ 계량) → ~꼼꼼'을 도출할 수는 있으나, 이를 통해 주어진 결론을 도출하는 것은 불가능하다.
③ 은 '꼼꼼 → 수업'으로 이는 추가해야 할 명제의 역명제이므로 적절하지 않다.
④ 는 '재료 → 위생'으로 이를 전제와 연결하여 주어진 결론을 도출하는 것은 불가능하다.

Part 05 자양강장제

1회 해설

p.100

01. ①

○ 마늘 → 고추 ≡ ~고추 → ~마늘
○ ~양파 → ~토마토 ≡ 토마토 → 양파
○ ~토마토 → ~고추 ≡ 고추 → 토마토

세 번째 조건의 대우명제에 의해 '고추 → 토마토'이고, 두 번째 조건의 대우명제에 의해 '토마토 → 양파'이므로 두 명제를 연결하면 '고추 → 양파'가 도출된다. 따라서 고추를 심으면 양파도 심는다.

오답풀이

② 첫 번째 조건에 의해 '마늘 → 고추'이고 세 번째 조건의 대우명제에 의해 '고추 → 토마토'이며 두 번째 조건의 대우명제에 의해 '토마토 → 양파'이므로 세 명제를 순서대로 연결하면 '마늘 → 양파'가 도출된다. 따라서 마늘을 심으면 양파도 심는다. 반대의 오류이다.
③ '토마토 → 고추'는 세 번째 조건 '~토마토 → ~고추'의 이명제이다. 따라서 이 명제의 참, 거짓은 판단할 수 없다. 판단불가의 오류이다.
④ 첫 번째 조건에 의해 '마늘 → 고추'이고 세 번째 조건의 대우명제에 의해 '고추 → 토마토'이므로 두 명제를 연결하면 '마늘 → 토마토'가 도출된다. 따라서 마늘을 심으면 토마토도 심는다. 반대의 오류이다.

02. ④

전제 1: ~조깅 → ~마라톤 ≡ 마라톤 → 조깅
전제 2: ☐☐☐☐☐☐☐☐☐☐☐ ~마라톤 → ~지구력
─────────────────────
결론: 지구력 → (마라톤 ∧ 조깅)
     ≡ (~마라톤 ∨ ~조깅) → ~지구력

결론의 전건 '지구력', 후건 '마라톤 ∧ 조깅'을 연결 지을 수 있는 전제, 또는 결론의 대우명제의 전건 '~마라톤 ∨ ~조깅'과 후건 '~지구력'을 연결 지을 수 있는 전제가 필요하다.

전제의 대우명제를 흡수 규칙(Absorption)을 이용하여 변형하면 '마라톤 → (마라톤 ∧ 조깅)'을 도출할 수 있으므로, '지구력 → 마라톤 ≡ ~마라톤 → ~지구력'을 추가한다면 가언삼단논법에 의해 '지구력 → (마라톤 ∧ 조깅) ≡ (~마라톤 ∨ ~조깅) → ~지구력'이 도출된다.

오답풀이

① '~마라톤 → ~조깅(≡ 조깅 → 마라톤)'으로 이는 전제의 역명제로 이를 통해서는 '마라톤 ↔ 조깅'의 필요충분조건의 결론만 도출될 뿐이므로 '~마라톤 → ~조깅(≡ 조깅 → 마라톤)'은 전제로 적절하지 않다.
② '~(마라톤 ∧ 지구력) ≡ ~마라톤 ∨ ~지구력 ≡ 마라톤 → ~지구력'으로 이를 전제의 대우명제와 연결 지어 '마라톤 → (~지구력 ∧ 조깅)'을 도출하는 것은 가능하나, 이를 통해 주어진 결론을 도출하는 것은 불가능하다.
③ '지구력 → ~마라톤'으로 이를 전제와 연결 지어 주어진 결론을 도출하는 것은 불가능하다.

03. ④

주어진 조건들을 기호로 바꾸면 다음과 같다.

(1) 1위 → 국가 대표팀
    ≡ ~국가 대표팀 → ~1위
(2) 국가 대표팀 → 출전
    ≡ ~출전 → ~국가 대표팀
(3) ~(1위 → 인터뷰)
    ≡ ~(~1위 ∨ 인터뷰)
    ≡ 1위 ∧ ~인터뷰

(3)에서 1위를 한 선수 중 인터뷰를 하지 않은 사람이 존재하므로 '1위 ∧ ~인터뷰', (1)에서 1위를 한 선수는 반드시 국가 대표팀 소속이므로 '1위 → 국가 대표팀'이다. 이 두 명제를 연결하면 '국가 대표팀 ∧ ~인터뷰' 즉, 국가 대표팀에 소속된 어떤 선수는 인터뷰에 응하지 않았다.

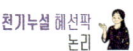

오답풀이

① (1)의 후건과 (2)의 전건이 '국가대표팀'으로 일치하므로 '1위 → 국가대표팀'과 '국가대표팀 → 출전'을 연결하여 '1위 → 출전'을 도출할 수 있다. 이를 부정하면 '~(1위 → 출전) ≡ ~(~1위 ∨ 출전) ≡ 1위 ∧ ~출전'이다. '1위 → 출전'이 참이므로, 이를 부정한 '1위 ∧ ~출전'은 거짓이다.

② (1)의 후건과 (2)의 전건이 '국가대표팀'으로 일치하므로 '1위 → 국가대표팀'과 '국가대표팀 → 출전'을 연결하여 '1위 → 출전'을 도출할 수 있다. (3)에 의해 '1위 ∧ ~인터뷰'이므로 '1위'를 매개항으로 하여 '출전 ∧ ~인터뷰'를 도출할 수 있다. 하지만 이를 통해 '~출전 ∧ ~인터뷰'를 도출하는 것은 불가능하다.

③ ②와 같은 논증 과정에 의해 '출전 ∧ ~인터뷰'를 도출할 수 있다. 하지만 이를 통해 '출전 ∧ 인터뷰'를 도출하는 것은 불가능하다.

04. ②

```
(가) 커피 ∧ ~고가
(나) ~(프리미엄 ∧ ~고가)
    ≡ ~프리미엄 ∨ 고가
    ≡ 프리미엄 → 고가 ≡ ~고가 → ~프리미엄
```

(가)에서 '커피 ∧ ~고가'이므로 커피 중에서 고가가 아닌 것이 존재하고, (나)에서 '~고가 → ~프리미엄'이므로 고가가 아닌 모든 것은 프리미엄 제품이 아니다. 따라서 커피 중에서 프리미엄 제품이 아닌 것이 반드시 있다는 결론을 도출할 수 있다. 즉, '커피 ∧ ~프리미엄'이며 이는 '어떤 커피는 프리미엄 제품이 아니다'로 표현할 수 있다.

오답풀이

① (가)에서 '커피 ∧ ~고가'이므로 커피 중에서 고가가 아닌 것이 존재하고, (나)에서 '~고가 → ~프리미엄'이므로 고가가 아닌 모든 것은 프리미엄 제품이 아니다. 따라서 커피 중에서 프리미엄 제품이 아닌 것이 반드시 있다는 결론을 도출할 수 있다. 즉, '커피 ∧ ~프리미엄'이다. 하지만 이를 통해 '커피 ∧ 프리미엄'을 도출하는 것은 불가능하다. 반드시 거짓이라고 할 수는 없지만 반드시 참이라고 할 수도 없기 때문에 전제 (가)와 (나)를 통해 도출한 결론으로는 부적절하다.

③ ②에서와 같이 '커피 ∧ ~프리미엄(특칭 부정)'을 도출하는 것은 가능하나 이를 통해 '커피 → ~프리미엄(전칭 부정)'을 도출하는 것은 불가능하다.

④는 '고가 ∧ ~프리미엄'인데 이는 (가)(나)를 통해 도출할 수 없는 결론이다.

05. ②

```
○ (에어컨 ∨ ~선풍기) → 아이스크림
  ≡ ~아이스크림 → (~에어컨 ∧ 선풍기)
○ ~선풍기 ∨ 냉장고
○ ~물 → ~냉장고 ≡ 냉장고 → 물
○ ~아이스크림
```

네 번째 조건에 의해 '~아이스크림'이고 첫 번째 조건의 대우명제에 의해 '~아이스크림 → (~에어컨 ∧ 선풍기)'이므로 '~에어컨 ∧ 선풍기'이다. 이를 통해 '선풍기'를 도출할 수 있으므로 두 번째 조건 '~선풍기 ∨ 냉장고'에 의해 '냉장고'이다. 세 번째 조건의 대우명제에 의해 '냉장고 → 물'이므로 '물'이다. 따라서 현지는 선풍기를 틀고, 냉장고를 열며, 그리고 물을 마신다.

06. ②

```
전제 1: 요리 → 재료
전제 2: 재료 ∧ 향신료 ≡ 향신료 ∧ 재료
전제 3: [              ] 재료 → 요리
─────────────────────────────
결론: 향신료 ∧ 요리 ≡ 요리 ∧ 향신료
```

②는 '재료 → 요리'이다. 만약 '재료 → 요리'가 추가된다면, '재료 ∧ 향신료'에 의해 결론인 '요리 ∧ 향신료'를 도출할 수 있다.

오답풀이

①은 '(향신료 ∧ ~요리) → 재료'로, 이 전제를 주어진 전제 1 '요리 → 재료', 전제 2 '재료 ∧ 향신료'와 연결할 수 없으므로 '요리 ∧ 향신료'를 도출하는 것은 불가능하다.

③은 '향신료 → 재료'로, 이를 통해 결론인 '요리 ∧ 향신료'를 도출할 수 없다.

④는 '요리 ∧ 재료'로, 이는 주어진 전제 '요리 → 재료'로부터 도출할 수 있는 명제이다. 따라서 추가해야 할 전제로 적절하지 않다.

07. ④

㉠~㉣을 기호를 이용하여 나타내면 다음과 같다.

> ㉠ ~경복궁 → ~남산타워 ≡ 남산타워 → 경복궁
> ㉡ ~한강공원 ∨ 남산타워 ≡ 한강공원 → 남산타워
> ㉢ 경복궁 → 국립중앙박물관 ≡ ~국립중앙박물관 → ~경복궁
> ㉣ 한강공원

㉣에 의해 '한강공원'을 방문하고, ㉡에 의해 ~한강공원 ∨ 남산타워이므로 남산타워가 도출된다. ㉠의 대우명제 남산타워 → 경복궁에 의해 경복궁도 도출된다. ㉢에 따라 경복궁 → 국립중앙박물관이므로 국립중앙박물관도 도출된다. 따라서 수현이가 방문할 장소는 "한강공원, 남산타워, 경복궁, 국립중앙박물관"이다.

2회 해설

p.104

01. ②

○ ~X → Y ≡ ~Y → X
○ Z → W ≡ ~W → ~Z
○ (Y ∨ V) → ~W ≡ W → (~Y ∧ ~V)

두 번째 조건에 의해 'Z → W'이고 세 번째 조건의 대우명제에 의해 'W → (~Y ∧ ~V)'이므로 두 명제를 연결하면 'Z → (~Y ∧ ~V)'이다. 즉, Z가 도서관에 가면 Y와 V는 모두 도서관에 가지 않는다. 그런데 첫 번째 조건의 대우명제에 의해 '~Y → X'이므로 Y가 도서관에 가지 않으면 X는 도서관에 간다. 따라서 Z가 도서관에 가면 Y가 도서관에 가지 않고, Y가 도서관에 가지 않으면 X는 도서관에 가므로 Z가 도서관에 가면 X도 도서관에 간다.

오답풀이

① 두 번째 조건에 의해 'Z → W'이고 세 번째 조건의 대우명제에 의해 'W → (~Y ∧ ~V)'이므로 두 명제를 연결하면 'Z → (~Y ∧ ~V)'이다. 즉, Z가 도서관에 가면 Y와 V는 모두 도서관에 가지 않는다. 따라서 Z가 도서관에 갈 때 V가 도서관에 가는 것은 불가능하다. 반대의 오류이다.
③ 첫 번째 조건에 의해 '~X → Y'인데 이를 세 번째 조건의 전건 'Y ∨ V'와 연결하면 '~W'가 도출된다. 따라서 X가 도서관에 가지 않으면 W는 도서관에 가지 않는다. 반대의 오류이다.
④ Y와 V가 모두 도서관에 가면 세 번째 조건의 전건 'Y ∨ V'를 만족시킨다. 따라서 세 번째 조건 '(Y ∨ V) → ~W'에 의해 '~W'가 도출된다. 두 번째 조건에 의해 '~W → ~Z'이므로 W가 도서관에 가지 않으면 Z도 도서관에 가지 않는다. 따라서 Y와 V가 모두 도서관에 가면 Z는 도서관에 가지 않으므로 Y, V, Z가 모두 도서관에 가는 것은 불가능하다. 반대의 오류이다.

02. ②

전제 1: 초콜릿 ∧ 딸기
전제 2: [   ] 딸기 → 바닐라
―――――――――――――――――――
결론: 바닐라 ∧ 초콜릿

②는 '딸기 → 바닐라'이다. 이에 따라 딸기 아이스크림을 좋아하는 사람은 모두 바닐라 아이스크림을 좋아하고, '딸기 ∧ 초콜릿'에 의해 딸기 아이스크림을 좋아하는 사람 중 초콜릿 아이스크림을 좋아하는 사람이 존재하므로 둘을 연결하면 '바닐라 ∧ 초콜릿'이라는 결론을 도출할 수 있다.

오답풀이

①은 '딸기 ∧ 바닐라'이다. 주어진 전제 '초콜릿 ∧ 딸기'를 통해 바닐라 아이스크림과 초콜릿 아이스크림을 둘 다 좋아하는 사람이 있을 수 있다는 것은 추론할 수 있지만, 이를 통해 바닐라 아이스크림과 딸기 아이스크림을 둘 다 좋아하는 사람이 있다고 단정적으로 결론 짓는 것은 불가능하다.
③은 '(~초콜릿 ∧ 딸기) ∧ 바닐라'이다. 이를 통해 '~초콜릿 ∧ 바닐라'는 도출할 수 있으나 '바닐라 ∧ 초콜릿'을 도출하는 것은 불가능하다.
④는 '초콜릿 → 바닐라'이다. 주어진 전제 '초콜릿 ∧ 딸기'와 함께 연결지으면 '바닐라 ∧ 딸기'가 도출될 뿐이므로 ④를 전제로 삼는 것은 적절하지 않다.

03. ④

(1) 과학적 재능이 있으면 연구 성과를 이루어낼 가능성이 높은 것은 맞으나, 재능이 있다고 해서 반드시 연구 성과를 이루어낸다고는 할 수 없다.

= ~(재능 → 연구 성과)
= 재능은 연구 성과의 충분조건이 아니다.
= 연구 성과는 재능의 필요조건이 아니다.

(2) 우리는 이 과학자가 재능이 있다는 점은 인정할 수 있지만 연구 성과를 이루어냈다고 하기는 힘들다. 왜냐하면 학계의 인정을 받지도, 새로운 이론을 개발하지도 못했기 때문이다.

= (~학계 인정 ∧ ~새로운 이론 개발) → ~연구 성과
  ≡ 연구 성과 → (학계 인정 ∨ 새로운 이론 개발)
= 연구 성과는 학계 인정 또는 새로운 이론 개발의 충분조건이다.
= 학계 인정 또는 새로운 이론 개발은 연구 성과의 필요조건이다.

(2)에 의해 학계의 인정이나 새로운 이론의 개발은 연구 성과의 필요조건이다.

오답풀이

① (1)에 의해 재능은 연구 성과의 충분조건이 아니다.
② (2)에 의해 학계 인정 또는 새로운 이론 개발이 연구 성과의 필요조건이다. 새로운 이론 개발이 연구 성과의 충분조건이라고 할 수 없다.
③ (2)에 의해 연구 성과는 학계 인정 또는 새로운 이론 개발의 충분조건이다. 연구 성과가 학계 인정의 필요조건이라고 할 수 없다.

04. ④

조건에 따라 표를 그려가며 해결한다. 확실한 정보부터 표에 표시하면서 찾는다. 조건을 순서대로 따라가기보다는 확실한 정보를 주는 조건부터 시작해서 그 조건과 연계되는 조건을 따라가는 순서로 표에 표시하며 찾아간다.

- 예린은 매주 월요일은 반드시 쉰다.
- 월요일에 쉬면 금요일부터 일요일까지 모두 독서한다.

	월	화	수	목	금	토	일
독서	×				○	○	○

- 토요일에 독서하면 목요일에 쉰다.

	월	화	수	목	금	토	일
독서	×			×	○	○	○

- 쉰 날 다음은 적어도 이틀을 연달아 독서한다.

	월	화	수	목	금	토	일
독서	×	○	○	×	○	○	○

이를 통해 예린이 독서하는 요일은 "화, 수, 금, 토, 일요일"임을 알 수 있다.

05. ②

○ ㉠ 직원 ∧ 업무 능력
○ ㉡ 업무 능력 → 리더십 ≡ ~리더십 → ~업무 능력
○ ㉢ 리더십 → ~업무 능력 ≡ 업무 능력 → ~리더십
○ ㉣ 직원 ∧ ~리더십

④ ㉠의 '직원 ∧ 업무 능력'과 ㉡의 대우명제 '업무 능력 → ~리더십'은 공통되는 '업무 능력'이 전칭의 주어에 있으므로 연결이 가능하다. 따라서 '직원 ∧ ~리더십'을 도출하는 것이 가능하다. 따라서 ㉠과 ㉢이 참일 경우 ㉣은 반드시 참이다.

오답풀이

㉮ ㉠의 '직원 ∧ 업무 능력'과 ㉡의 '업무 능력 → 리더십'은 공통되는 '업무 능력'이 전칭의 주어에 있으므로 연결이 가능하다. 따라서 '직원 ∧ 리더십'을 도출하는 것이 가능하다. 하지만 이를 통해 ㉣인 '직원 ∧ ~리더십'을 도출하는 것은 불가능하므로 ㉣이 반드시 참이라고는 할 수 없다. 특칭 긍정인 '직원 ∧ 리더십'이 참이라고 해서 특칭 부정인 ㉣ '직원 ∧ ~리더십'이 항상 참이라는 보장이 없기 때문이다.

㉯ ㉡의 대우명제 '업무 능력 → ~리더십'과 ㉣의 '직원 ∧ ~리더십'은 공통되는 '~리더십'이 전칭의 서술어에 있으므로 연결이 불가능하므로 결론 자체를 도출하기 힘들다. 따라서 ㉠의 '직원 ∧ 업무 능력'이 참이라고 볼 수 없다.

06. ④

○ ㉠ 스마트폰 → 인기
○ ㉡ 카메라 기능 ∧ 스마트폰
○ ㉢ 인기 ∧ ~배터리
○ ㉣ ~고장 → ~인기 ≡ 인기 → 고장
○ ㉤ ~(스마트폰 → 5G) ≡ ~(~스마트폰 ∨ 5G)
  ≡ 스마트폰 ∧ ~5G

가. ㉠에 의해 '스마트폰 → 인기'이고 ㉣에 의해 '인기 → 고장'이므로 '스마트폰 → 고장'을 도출할 수 있다. 그리고 ㉡에 의해 '카메라 기능 ∧ 스마트폰'이므로 '카메라 기능 ∧ 고장'을 도출할 수 있다.

나. ㉤에 의해 '스마트폰 ∧ ~5G'이고 ㉠에 의해 '스마트폰 → 인기'이므로 '~5G ∧ 인기'를 도출할 수 있다.

다. ㉢에 의해 '~배터리 ∧ 인기'이고 ㉣에 의해 '인기 → 고장'이므로 '~배터리 ∧ 고장'을 도출할 수 있다.

07. ③

○ 김씨 → (~이씨 ∧ ~박씨) ≡ (이씨 ∨ 박씨) → ~김씨
○ (최씨 ∨ 장씨) → 박씨 ≡ ~박씨 → (~최씨 ∧ ~장씨)
○ ~황씨 → ~박씨 ≡ 박씨 → 황씨
○ 이씨 → ~박씨 ≡ 박씨 → ~이씨

세 번째 조건에 의해 '~황씨 → ~박씨'이고 두 번째 조건의 대우명제에 의해 '~박씨 → (~최씨 ∧ ~장씨)'이므로 두 명제를 연결하면 '~황씨 → (~최씨 ∧ ~장씨)'가 도출된다. 따라서 황씨가 참석하지 않으면 최씨와 장씨가 모두 참석하지 않는다.

오답풀이

① 이 명제는 '~김씨 → (이씨 ∨ 박씨)'로 첫 번째 조건 '김씨 → (~이씨 ∧ ~박씨)'의 이명제이다. 따라서 이 명제의 참, 거짓을 판단할 수 없다. 판단불가의 오류이다.

② 두 번째 조건에 의해 '(최씨 ∨ 장씨) → 박씨'이고 세 번째 조건의 대우명제에 의해 '박씨 → 황씨'이므로 두 명제를 연결하면 '(최씨 ∨ 장씨) → 황씨'가 도출된다. 따라서 최씨가 참석하면 황씨도 참석하지 않는다는 것은 반대의 오류이다.

④ 네 번째 조건에 의해 '이씨 → ~박씨'이고 두 번째 조건의 대우명제에 의해 '~박씨 → (~최씨 ∧ ~장씨)'이므로 두 명제를 연결하면 '이씨 → (~최씨 ∧ ~장씨)'가 도출된다. 따라서 이씨가 참석하면 장씨도 참석한다는 것은 반대의 오류이다.

3회 해설

p.108

01. ③

> (가) 교향곡 → 음악 작품 ≡ ~음악 작품 → ~교향곡
> (나) ~(교향곡 → 유명하다)
>   ≡ ~(~교향곡 ∨ 유명하다) ≡ 교향곡 ∧ ~유명하다

(나)에 의해 교향곡 중 유명하지 않은 것이 존재하고, (가)에 의해 모든 교향곡은 음악 작품이므로 유명하지 않은 것 중 음악 작품인 것이 존재한다. 즉, '~유명하다 ∧ 음악 작품'이다.
위와 같은 논증 과정을 통해 '음악 작품 ∧ ~유명하다'를 도출하는 것이 가능하다.

오답풀이

① '교향곡 ∧ ~유명하다'를 통해 '교향곡 ∧ 유명하다'를 도출하는 것은 불가능하다. 반드시 거짓이라고 할 수는 없지만 반드시 참이라고 할 수도 없다.
② 위와 같은 논증 과정을 통해 '~유명하다 ∧ 음악 작품'을 도출하는 것은 가능하나, 이를 통해 '음악 작품 ∧ 유명하다'를 도출하는 것은 불가능하다. 반드시 거짓이라고 할 수는 없지만 반드시 참이라고 할 수도 없다.
④ (가)와 (나)를 통해 도출이 불가능한 결론이다.

02. ②

주어진 조건을 기호화하면 다음과 같다.

> ○ (영희 ∧ ~지훈) ∨ (~영희 ∧ 지훈)
> ○ ~민수 → (영희 ∧ 준호) ≡ (~영희 ∨ ~준호) → 민수
> ○ 소연 → 지훈 ≡ ~지훈 → ~소연

민수가 수업에 참여하지 않으면, 두 번째 조건에 의해 영희와 준호는 모두 수업에 참여한다. 즉, 영희가 참여한다. 그런데 첫 번째 조건에 의해 '영희와 지훈 중 정확히 한 명만 참여'하므로 지훈은 참여하지 않는다(~지훈). 세 번째 조건의 대우명제 '~지훈 → ~소연'에 따라 소연도 참여하지 않는다. 따라서 민수가 수업에 참여하지 않으면 소연도 수업에 참여하지 않는다.

오답풀이

① 지훈이 참여한다면, 첫 번째 조건에 의해 영희는 참여하지 않는다(~영희). 그럼 두 번째 조건의 대우명제 전건인 (~영희 ∨ ~준호)가 참이므로 민수가 참여한다는 결론이 도출된다. 따라서 반대의 오류이다.
③ 민수가 참여하지 않으면 두 번째 조건에 의해 영희와 준호가 모두 참여한다. 또한, 소연이 참여하면 지훈도 참여한다. 하지만 이 경우 영희와 지훈이 동시에 참여하게 되어 첫 번째 조건과 모순된다. 즉, 민수가 참여하지 않으면서 소연이 참여하는 경우는 불가능하다. 반대의 오류이다.
④ 준호가 참여하지 않으면, 두 번째 조건의 대우명제 전건 (~영희 ∨ ~준호)가 만족된다. 그러므로 민수가 수업에 참여해야 한다는 결론이 나온다. 하지만 이 명제는 "준호가 수업에 참여하지 않으면 민수는 반드시 참여하지 않는다"는 것과 정반대다. 반대의 오류이다.

03. ①

> 전제 1: 수학 → ~과학 ≡ 과학 → ~수학
> 전제 2: 과학자 → 실험 ≡ ~실험 → ~과학자
> 전제 3: [　　　　　　　] 수학 ∧ 실험
> ─────────────────────
> 결론: 실험 ∧ ~과학

①은 '수학 ∧ 실험'이다. '수학 ∧ 실험(≡ 실험 ∧ 수학)'이 추가되면 전제 1의 '수학 → ~과학'과 연결되어 '실험 ∧ ~과학'을 결론으로 도출할 수 있다.

오답풀이

② 는 '~수학 → ~과학자'이다. 이것이 전제 1과 연결되면 '과학 → 과학자'가 도출되고 이를 전제 2와 연결하면 '과학 → 실험'이 된다. 이는 '실험 ∧ ~과학'과 일치하지 않는 결론이므로 적절하지 않다.
③ 은 '과학자 → 과학'이다. 이것이 전제 1의 대우 명제와 연결되면 '과학자 → ~수학'이 도출된다. 하지만 이는 결론과 다르므로 적절하지 않다.
④ 는 '과학 ∧ ~과학자(≡ ~과학자 ∧ 과학)'이다. 전제 1의 대우 관계인 '과학 → ~수학'과 연결하더라도 '~수학 ∧ ~과학자'만 도출되므로 결론인 '실험 ∧ ~과학'을 도출하는 것은 불가능하다.

04. ②

> 민재: 요리 ∧ ~목공
> 수빈: ~도예 → ~요리 ≡ 요리 → 도예

요리를 체험한 어떤 사람은 목공을 체험하지 않았고, 요리를 체험한 모든 사람은 도예도 체험했으므로, 목공을 체험하지 않은 어떤 사람은 요리와 도예를 모두 체험했다는 결론을 도출할 수 있다. 즉, '~목공 ∧ 요리 ∧ 도예'가 가능하다.

오답풀이

① 요리를 체험한 사람 중 목공을 체험하지 않은 사람이 존재하고, 요리를 체험한 모든 사람은 도예도 체험했으므로, '~목공 ∧ 도예'를 도출할 수 있다. 하지만 이를 통해 '도예를 체험한 어떤 사람은 목공을 체험했다(도예 ∧ 목공)'는 결론을 도출하는 것은 불가능하다.
③ 요리를 체험한 어떤 사람은 목공을 체험하지 않았고, 모든 요리 체험자는 도예도 체험했으므로, '~목공 ∧ 도예'는 가능하다. 그러나 이를 통해 '목공을 체험하지 않은 모든 사람이 도예를 체험했다(~목공 → 도예)'는 일반화된 결론을 도출하는 것은 불가능하다.
④ 요리를 체험한 어떤 사람은 목공을 체험하지 않았고, 그 사람은 도예도 체험했으므로, '~목공 ∧ 요리 ∧ 도예'는 도출 가능하다. 하지만 이를 통해 '요리, 목공, 도예를 모두 체험한 사람이 있다(요리 ∧ 목공 ∧ 도예)'는 결론은 도출되지 않는다.

05. ②

표를 채워가면서 찾는다. A~D 모두 한 과목만 맡고 있으며, D의 발언에 따르면 넷이 맡은 과목은 모두 다르다고 했으므로 한 사람의 과목이 결정되면 그 사람은 다른 과목은 맡지 않으며, 나머지 사람은 그 과목을 맡을 수 없다는 점을 이용해서 표를 채워나간다.

- A: 나는 수학이나 생물은 맡고 있지 않아.

	문학	수학	생물	지리
A		×	×	
B				
C				
D				

- B: 나는 문학과 생물 중 하나를 맡고 있어.

	문학	수학	생물	지리
A		×	×	
B		×		×
C				
D				

- C: A와 D 중 한 명은 생물을 맡고 있어.

D가 생물을 맡는다고 가정하면, D는 나머지 과목들을 맡지 않으며, 생물은 A, B, C가 맡지 않게 된다. B는 생물을 못 맡으므로 문학으로 결정되고, 문학은 다른 사람은 맡지 않는다. A는 문학도, 수학도, 생물도 못하므로 지리로 확정된다. 남은 C는 수학이 된다.

	문학	수학	생물	지리
A	×	×	×	○
B	○	×	×	×
C	×	○	×	×
D	×	×	○	×

이 결과에 따라 각 교사가 맡은 과목은 "A: 지리 / B: 문학 / C: 수학 / D: 생물"임을 알 수 있다. 따라서 과목이 올바르게 연결된 교사는 "B: 문학"이다.

06. ②

> 전제 1: 과학자 → 논리적
> 전제 2: _____ 과학자 ∧ 수학
> ─────────────────────────────
> 결론: 논리적 ∧ 수학

결론에서 '논리적 ∧ 수학', 즉 수학에 능한 사람 중 논리적인 사람이 적어도 하나 존재함을 전제로 한다. 이를 만들기 위해선 먼저 과학자 중 수학에 능한 사람이 있다'는 조건이 필요하다. 그러면 첫 번째 전제 '과학자 → 논리적'에 의해 과학자들은 모두 논리적이므로, '과학자 ∧ 수학' → 논리적 ∧ 수학이라는 결론을 자연스럽게 도출할 수 있다.
즉, 수학에 능한 사람 중 논리적인 사람이 존재하게 된다. 따라서 '과학자 중 어떤 사람은 수학에 능하다.'의 명제가 들어가야 한다.

오답풀이

① 은 '~수학 ∧ ~과학자'이다. 이 전제를 '과학자 → 논리적'과 연결지어 '논리적 ∧ 수학'을 도출하는 것은 불가능하다.
③ 은 '과학자 → ~수학'이다. 이는 오히려 과학자와 수학 능력을 분리시키는 조건이므로, '논리적 ∧ 수학' 결론을 이끌 수 없다.
④ 는 '~수학 ∧ ~논리적'이다. 이 전제를 통해 '논리적 ∧ 수학'을 이끌어낼 수는 없다.

07. ③

```
전제 1: 토론 → (~영화 ∨ 글쓰기)
        ≡ (영화 ∧ ~글쓰기) → ~토론
전제 2: ~(글쓰기 ∧ ~표현력)
        ≡ ~글쓰기 ∨ 표현력
        ≡ 글쓰기 → 표현력 ≡ ~표현력 → ~글쓰기
전제 3: [            ] ~표현력 → 영화
────────────────────────────────────
결론: ~(토론 ∧ ~표현력)
       ≡ ~토론 ∨ 표현력
       ≡ 토론 → 표현력 ≡ ~표현력 → ~토론
```

결론의 전건인 '토론'과 후건인 '표현력'을 연결 지을 수 있는 전제, 또는 결론의 대우명제의 전건인 '~표현력'과 후건인 '~토론'을 연결 지을 수 있는 전제가 필요하다. 전제 2의 대우명제에 의해 '~표현력 → ~글쓰기'이므로 '~표현력 → 영화'가 추가된다면 '~표현력 → (영화 ∧ ~글쓰기)'가 도출되고 이를 전제 1의 대우명제 '(영화 ∧ ~글쓰기) → ~토론'과 연결한다면 가언삼단논법에 의해 '~표현력 → ~토론'이 도출된다.

오답풀이

①은 '표현력 → 글쓰기'로 이는 전제 2의 역명제로 이것은 전제 2와 연결되면 '글쓰기 ↔ 표현력'이라는 결론만 도출할 뿐이므로 적절하지 않다.

②는 '영화 → 표현력'으로 이 명제를 전제 1 또는 2와 연결 지어 새로운 결론을 도출하는 것은 불가능하다.

④는 '~(글쓰기 ∧ 영화) ≡ ~글쓰기 ∨ ~영화 ≡ 글쓰기 → ~영화 ≡ 영화 → ~글쓰기'이다. 이 명제를 전제 1 또는 2와 연결 지어 새로운 결론을 도출하는 것은 불가능하다.

4회 해설

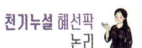

p.112

01. ③

```
(가) 과일 ∧ 당분
(나) 과일 → 식물 ≡ ~식물 → ~과일
(다) 당분 ∧ ~식물
(라) 식물 ∧ ~당분
```

(가)의 '과일 ∧ 당분'과 (나)의 '과일 → 식물'를 연결하여 '식물 ∧ 당분'을 도출할 수 있으므로 적절하다.

오답풀이

① (다)에 의해 당분이지만 식물이 아닌 것이 존재한다. 즉, 반례가 존재하므로 모든 식물은 당분이라고 할 수 없다.
② (나)의 '과일 → 식물'과 (라)의 '식물 ∧ ~당분'이 존재하기는 하지만 이들을 연결 지어 '과일 ∧ ~당분'를 도출하는 것은 불가능하다. '식물'을 매개항으로 연결하려면 '식물'이 전칭의 주어에 있어야 하나 (나)에서 '식물'은 전칭의 서술어에 있으므로 (나)의 '과일 → 식물'과 (라)의 '식물 ∧ ~당분'을 연결하여 '과일 ∧ ~당분'를 도출하는 것은 불가능하다.
④ (가)에 의해 '과일 ∧ 당분'이므로 '과일 ∧ ~당분'가 불가능한 것은 아니다. 하지만 단정적으로 '과일 → 당분'를 도출하는 것은 불가능하다.

02. ②

조건에 따라 표를 그려가며 해결한다. 확실한 정보부터 표에 표시하면서 찾는다. 조건을 순서대로 따라가기보다는 확실한 정보를 주는 조건부터 시작해서 그 조건과 연계되는 조건을 따라가는 순서로 표에 표시하며 찾아간다.

○ 민준, 하영, 세진, 다현 네 명은 모두 다른 부서에 지원한다.
○ 민준은 기획과에 지원하지 않는다.

	민준	하영	세진	다현
인사과				
총무과				
기획과	×			
회계과				

○ 세진이 인사과에 지원하지 않으면 민준은 기획과에 지원한다.
: 대우명제는 '민준이 기획과에 지원하지 않으면 세진은 인사과에 지원한다.'이다. 두 번째 조건에 의해 민준은 기획과에 지원하지 않았으므로, 세진은 인사과에 지원한다.

	민준	하영	세진	다현
인사과	×	×	○	×
총무과			×	
기획과	×		×	
회계과			×	

○ 하영과 다현은 총무과에 지원하지 않는다.

	민준	하영	세진	다현
인사과	×	×	○	×
총무과	○	×	×	×
기획과	×		×	
회계과	×		×	

이로써 민준이 지원할 부서는 "총무과"임을 알 수 있다. 하영과 다현은 인사과와 회계과 중 어떤 부서에 지원하는지는 주어진 정보만으로 정확히 결정할 수 없다.

03. ④

주어진 명제를 모두 기호화해서 나타내면 다음과 같다.

```
○ ~두부 ∨ ~고기
○ 김치찌개 ∨ 미역국
○ (김치찌개 ∨ 된장찌개) → 두부
  ≡ ~두부 → (~김치찌개 ∧ ~된장찌개)
○ ~미역국
```

네 번째 조건에 의해 '~미역국'이고 두 번째 조건에 의해 '김치찌개 ∨ 미역국'이므로 '김치찌개'가 도출된다. '김치찌개'이면 세 번째 조건의 전건 '김치찌개 ∨ 된장찌개'가 참이므로 세 번째 조건 '(김치찌개 ∨ 된장찌개) → 두부'에 의해 '두부'가 도출된다. 첫 번째 조건에 의해 '~두부 ∨ ~고기'이므로 마지막으로 '~고기'가 도출된다.

04. ③

> ㉠ 학생 ∧ 프로그래밍
> ㉡ 알고리즘 → ~프로그래밍 ≡ 프로그래밍 → ~알고리즘
> ㉢ 프로그래밍 → 알고리즘 ≡ ~알고리즘 → ~프로그래밍
> ㉣ ~(학생 → 알고리즘) ≡ ~(~학생 ∨ 알고리즘)
>   ≡ 학생 ∧ ~알고리즘

㉮ ㉠에 의해 '학생 ∧ 프로그래밍'과 ㉢에 의해 '프로그래밍 → 알고리즘'을 연결할 수 있다. 공통되는 '프로그래밍'이 전칭 명제의 주어에서 반복되므로 ㉠과 ㉢을 통해 '학생 ∧ 알고리즘'을 도출할 수 있다. 따라서 ㉣ '학생 ∧ ~알고리즘'은 참일 수 있음을 알 수 있다. 특칭 긍정이 참일 때, 특칭 부정이 참일 수 있기 때문이다.
㉯ ㉣에 의해 '학생 ∧ ~알고리즘'과 ㉢의 대우명제에 의해 '~알고리즘 → ~프로그래밍'을 연결할 수 있다. 공통되는 '~알고리즘'이 전칭 명제의 주어에서 반복되므로 '학생 ∧ ~프로그래밍'을 도출할 수 있다. 따라서 ㉠의 '학생 ∧ 프로그래밍'은 참일 수 있음을 알 수 있다. 특칭 부정이 참일 때, 특칭 긍정이 참일 수 있기 때문이다.

오답풀이

㉰ ㉠에 의해 '학생 ∧ 프로그래밍'과 ㉡의 대우명제에 의해 '프로그래밍 → ~알고리즘'을 연결할 수 있다. 공통되는 '프로그래밍'이 전칭 명제의 주어에서 반복되므로 ㉠과 ㉡을 통해 '학생 ∧ ~알고리즘'을 도출할 수 있다. 따라서 ㉠과 ㉡이 참일 경우 ㉣ '학생 ∧ ~알고리즘'은 반드시 참이므로 ㉣이 참이 아닐 수 있다는 것은 적절하지 않다.

05. ③

> ○ D
> ○ B → (~A ∧ ~C) ≡ (A ∨ C) → ~B
> ○ ~A → E ≡ ~E → A
> ○ E → ~D ≡ D → ~E
> ○ C ∨ E

첫 번째 진술에 의해 'D'이고 네 번째 진술에 의해 'D → ~E'이므로 E는 방문하지 않았다. 다섯 번째 진술에 의해 'C ∨ E'이므로 E가 아니라면 C는 방문한 것이다. 세 번째 진술의 대우명제에 의해 '~E → A'이므로 A도 방문한 것이다. 두 번째 진술의 대우명제의 전건 'A ∨ C'가 참이므로 '(A ∨ C) → ~B'에 따라 B는 방문하지 않았다. 따라서 은진 씨가 방문한 부스는 A, C, D의 총 3곳이다.

06. ④

㉠~㉢을 기호로 나타내면 다음과 같다.

> ㉠ 영어 → ~수학 ≡ 수학 → ~영어
> ㉡ 과학 → 역사 ≡ ~역사 → ~과학
> ㉢ (수학 ∧ ~과학) ∨ (~수학 ∧ 과학)

㉢에 따라 경우의 수를 나누고 ㉠과 ㉡을 이용하여 결론을 도출한다.

Case 1 수학을 수강하고 과학을 수강하지 않는 경우(수학 ∧ ~과학)
'수학'이고 ㉠의 대우명제에 의해 '수학 → ~영어'이므로 '~영어'가 도출된다. '~과학'은 ㉡의 대우명제의 후건에 있기 때문에 역사의 수강 여부는 결정할 수 없다. 따라서, 이 경우 수강하는 과목은 (수학) 또는 (수학, 역사)이다.

Case 2 수학을 수강하지 않고 과학을 수강하는 경우(~수학 ∧ 과학)
'과학'이고 ㉡에 의해 '과학 → 역사'이므로 '역사'가 도출된다. '~수학'은 ㉠의 후건에 있기 때문에 영어의 수강 여부는 결정할 수 없다. 따라서, 이 경우 수강하는 과목은 (과학, 역사, 영어) 또는 (과학, 역사)이다.

결론으로 영어를 수강하는 경우는 **Case 2** 에서 (과학, 역사, 영어)만 가능하므로 영어를 수강하면 역사를 수강한다.

오답풀이

① **Case 1** 에서 (수학)만 수강하는 것이 가능하므로 적어도 2과목 이상 수강한다고 할 수 없다.
② **Case 2** 에서 (과학, 역사)를 수강하는 것이 가능하므로 과학을 수강한다고 해서 반드시 영어를 수강한다고 할 수 없다.
③ **Case 2** 에서 (과학, 역사, 영어)를 수강하는 것이 가능하므로 역사를 수강한다고 해서 반드시 영어를 수강하지 않는다고 할 수 없다.

07. ④

㉠~㉢을 기호로 나타내면 다음과 같다.

> ㉠ 달리기 → ~자전거 ≡ 자전거 → ~달리기
> ㉡ ~스트레칭 → ~수영 ≡ 수영 → 스트레칭
> ㉢ 자전거 ∨ 수영

㉢에 따라 경우의 수를 나누고 ㉠과 ㉡을 이용하여 결론을 도출한다.

Case 1 자전거를 타고 수영을 하지 않는 경우 (자전거 ∧ ~수영)
'자전거'이고 ㉠의 대우명제에 의해 '자전거 → ~달리기'이므로 '~달리기'가 도출된다. '~수영'은 ㉡의 후건에 있기 때문에 ㉡과 연결할 수 없어 스트레칭 여부는 결정할 수 없다. 따라서 이 경우 선택할 운동은 (자전거, 스트레칭) 또는 (자전거)이다.

Case 2 자전거를 타지 않고 수영을 하는 경우 (~자전거 ∧ 수영)
'수영'이고 ㉡의 대우명제에 의해 '수영 → 스트레칭'이므로 '스트레칭'이 도출된다. '~자전거'는 ㉠의 후건에 있기 때문에 ㉠과 연결할 수 없어 달리기 여부는 결정할 수 없다. 따라서 이 경우 선택할 운동은 (스트레칭, 수영, 달리기) 또는 (스트레칭, 수영)이다.

Case 3 자전거 타기와 수영을 모두 하는 경우 (자전거 ∧ 수영)
'자전거'이고 ㉠의 대우명제에 의해 '자전거 → ~달리기'이므로 '~달리기'가 도출된다. '수영'이고 ㉡의 대우명제에 의해 '수영 → 스트레칭'이므로 '스트레칭'이 도출된다. 따라서 이 경우 선택할 운동은 (자전거, 스트레칭, 수영)이다.

결론적으로 **Case 1** 에서 (자전거)만 하는 것이 가능하므로 적어도 2가지 이상의 운동을 한다는 진술은 반드시 참이라고 할 수 없다.

5회 해설

p.116

01. ③

주어진 명제를 모두 기호화해서 나타내면 다음과 같다.

```
○ 항공권 → (~울산 ∧ ~포항) ≡ (울산 ∨ 포항) → ~항공권
○ 울산 ∨ 강릉
○ 항공권 ∨ ~기차표 ≡ ~항공권 → ~기차표
                    ≡ 기차표 → 항공권
○ 기차표
```

네 번째 조건에 의해 '기차표'이고 세 번째 조건에 의해 '항공권 ∨ ~기차표'이므로 '항공권'이 도출된다. 첫 번째 조건에 의해 '항공권 → (~울산 ∧ ~포항)'이므로 '~울산 ∧ ~포항'이고 이에 따라 '~울산'이 도출된다. 두 번째 조건에 의해 '울산 ∨ 강릉'이므로 '강릉'이 도출된다.

02. ①

```
○ (A ∨ E) → ~B
  ≡ B → (~A ∧ ~E)
○ (B ∧ ~C) ∨ (~B ∧ C)
○ B → D ≡ ~D → ~B
○ C → (~A ∧ ~D)
  ≡ (A ∨ D) → ~C
```

두 번째 진술에서 B 편집자와 C 편집자 중 오직 한 편집자만 프로젝트를 맡을 수 있다는 것을 알 수 있다. 따라서 B 편집자가 프로젝트를 맡는 경우와 C 편집자가 프로젝트를 맡는 경우로 나누어 생각한다.

[Case 1] B 편집자가 프로젝트를 맡는 경우
첫 번째 조건의 대우명제 'B → (~A ∧ ~E)'에 의해 A 편집자와 E 편집자는 프로젝트를 맡지 않는다. 세 번째 조건 'B → D'에 의해 D 편집자는 프로젝트를 맡는다. 따라서 이 경우 프로젝트를 맡는 편집자는 'B와 D'이다.

[Case 2] C 편집자가 프로젝트를 맡는 경우
네 번째 명제 'C → (~A ∧ ~D)'에 의해 A 편집자와 D 편집자는 프로젝트를 맡지 않는다. 조건만으로 E 편집자가 프로젝트를 맡는지는 알 수 없지만 문제에서 두 편집자 이상에게 프로젝트를 맡긴다고 했으므로 E 편집자는 반드시 프로젝트를 맡아야 한다. 따라서 이 경우 프로젝트를 맡는 편집자는 'C와 E'이다.

결론적으로 [Case 1]과 [Case 2] 모두에서 A 편집자는 프로젝트를 맡지 않으므로 이 진술은 항상 참이다.

오답풀이

② B 편집자와 D 편집자가 모두 프로젝트를 맡는 것은 (1)에서만 가능하다. 따라서 이 진술은 항상 참이라고 할 수 없다.
③ [Case 1]과 [Case 2] 어느 경우든 프로젝트를 맡는 편집자는 2개이다. 따라서 이 진술은 항상 거짓이다.
④ D 편집자가 프로젝트를 맡는 것은 [Case 1]에서만 가능하다. 따라서 이 진술은 항상 참이라고 할 수 없다.

03. ②

㉠~㉤을 기호로 나타내면 다음과 같다.

```
㉠ ~(자동차 ∧ ~전기) ≡ ~자동차 ∨ 전기
                    ≡ 자동차 → 전기
                    ≡ ~전기 → ~자동차
㉡ 자동차 ∧ 내비게이션
㉢ ~내비게이션 ∧ 연비
㉣ ~연비 ∧ 전기
㉤ ~(자동차 → 연비) ≡ ~(~자동차 ∨ 연비)
                    ≡ 자동차 ∧ ~연비
```

(가) ㉡에 의해 '자동차 ∧ 내비게이션'이고 ㉠에 의해 '자동차 → 전기'이므로 (가) '내비게이션 ∧ 전기'를 도출할 수 있다.
(나) ㉤에 의해 '자동차 ∧ ~연비'고 ㉠에 의해 '자동차 → 전기'이므로 (나) '~연비 ∧ 전기'를 도출할 수 있다.

오답풀이

(다) (다)를 논리기호로 바꾸면 '~(연비 ∨ 자동차) ≡ ~연비 ∧ ~자동차'이다. 하지만 ㉠~㉤을 통해 이 결론을 도출할 수 없다.

04. ④

㉠~㉣을 기호를 이용하여 나타내면 다음과 같다.

```
㉠ (디저트 ∧ ~샌드위치) ∨ (~디저트 ∧ 샌드위치)
㉡ ~차 → 주스 ≡ ~주스 → 차
㉢ (커피 ∨ 차) → 디저트 ≡ ~디저트 → (~커피 ∧ ~차)
㉣ 디저트 → (~커피 ∧ ~주스)
   ≡ (커피 ∨ 주스) → ~디저트
```

먼저 ㉠에 따라 경우의 수를 나눈다.

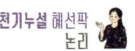

Case 1 디저트를 메뉴에 포함하고 샌드위치를 포함하지 않는 경우
'디저트'이고 ㉣에 의해 '디저트 → (~커피 ∧ ~주스)'이므로 '~커피'와 '~주스'가 도출된다. ㉢의 대우명제에 의해 '~주스 → 차'이므로 '차'가 도출된다. 따라서 이 경우 민재가 메뉴에 포함할 품목은 (차, 디저트)이다.

Case 2 디저트를 메뉴에 포함하지 않고 샌드위치를 포함하는 경우
'~디저트'이고 ㉣의 대우명제에 의해 '~디저트 → (~커피 ∧ ~차)'이므로 '~커피'와 '~차'가 도출된다. ㉢에 의해 '~차 → 주스'이므로 '주스'가 도출된다. 따라서 이 경우 민재가 메뉴에 포함할 품목은 (주스, 샌드위치)이다.

결론적으로, 경우의 수와 무관하게 민재가 반드시 메뉴에 포함하지 않을 품목은 "커피"이다.

05. ④

- (액션 ∨ ~공포) → 팝콘 ≡ ~팝콘 → (~액션 ∧ 공포)
- 액션 ∨ ~드라마
- ~팝콘

세 번째 조건에 의해 '~팝콘'이고 첫 번째 조건의 대우명제에 의해 '~팝콘 → (~액션 ∧ 공포)'이므로 '~액션 ∧ 공포'이고 이에 따라 '~액션'이 도출된다. 두 번째 조건에 의해 '액션 ∨ ~드라마'이고 '~액션'이므로 '~드라마'를 도출할 수 있다.

06. ③

㉡

전제 1	~증명 → ~논리 ≡ 논리 → 증명
전제 2	모순 → ~증명 ≡ 증명 → ~모순
결론	논리 → ~모순

전제 1의 대우명제에 의해 '논리 → 증명'이고 전제 2의 대우 명제에 의해 '증명 → ~모순'이므로 두 명제를 연결하여 결론 '논리 → ~모순'을 도출할 수 있으므로 적절하다.

㉢

전제 1	감각기관 → 외부자극
전제 2	~기억 → ~외부자극 ≡ 외부자극 → 기억
전제 3	~외부자극 → ~기억 ≡ 기억 → 외부자극
결론	감각기관 ∧ 기억

전제 1에 의해 '감각기관 → 외부자극'이고 전제 2에 의해 '외부자극 → 기억'이므로 두 명제를 연결하여 '감각기관 → 기억'을 도출할 수 있다. 전칭인 '감각기관 → 기억'이 참이므로 특칭인 '감각기관 ∧ 기억'도 참이다.

따라서 전제가 참일 때 결론이 반드시 참인 논증은 ㉡, ㉢이다.

오답풀이

㉠

전제 1	생물학자 → 세포
전제 2	분자생물학자 ∧ 세포
결론	분자생물학자 ∧ 생물학자

전제 1에 의해 '생물학자 → 세포'이고, 전제 2에 의해 '분자생물학자 ∧ 세포'이긴 하지만 매개항인 '세포'가 전제 1 전칭의 서술어에 있기 때문에 두 명제를 연결할 수 없다. 따라서 '분자생물학자 ∧ 생물학자'를 도출하는 것은 불가능하다.

07. ③

전제와 결론을 모두 기호화해서 나타내면 다음과 같다.

```
전제 1: ~팀 운동 → (~패스 ∧ ~전술)
       ≡ (패스 ∨ 전술) → 팀 운동
전제 2: 책임감 → 협동심 ≡ ~협동심 → ~책임감
전제 3:                    ~책임감 → ~팀 운동
─────────────────────────────────────
결론 : (패스 ∨ 전술) → (책임감 ∧ 협동심)
     ≡ (~책임감 ∨ ~협동심) → (~패스 ∧ ~전술)
```

결론의 전건 '패스 ∨ 전술'과 후건 '책임감 ∧ 협동심'을 연결 지을 수 있는 전제, 또는 결론의 대우명제의 전건 '~책임감 ∨ ~협동심'과 후건 '~패스 ∧ ~전술'을 연결지을 수 있는 전제가 필요하다. 전제 2를 흡수 규칙(Absorption)을 이용하여 변형하면 '책임감 → (책임감 ∧ 협동심)'이므로 '~책임감 → ~팀 운동 ≡ 팀 운동 → 책임감'을 추가한다면 가언삼단논법에 의해 전제 1의 대우명제 '(패스 ∨ 전술) → 팀 운동', 추가한 전제 '팀 운동 → 책임감', 그리고 흡수 규칙을 이용하여 변형한 '책임감 → (책임감 ∧ 협동심)'을 연결하여 '(패스 ∨ 전술) → (책임감 ∧ 협동심)'을 도출할 수 있다.

오답풀이

① 은 '~팀 운동 → 책임감'으로 이를 전제 2와 가언삼단논법으로 연결하여 '~팀 운동 → 협동심'을 도출할 수는 있으나 이를 통해 주어진 결론을 도출하는 것은 불가능하다.

② 는 '패스 → ~전술'은 전제 1 또는 2와 연결 지어 주어진 결론을 도출하는 것이 불가능하다.

④ 는 '팀 운동 → 협동심'으로 이를 전제 1과 가언삼단논법으로 연결하여 '(패스 ∨ 전술) → 협동심'을 도출할 수는 있으나 이를 통해 주어진 결론을 도출하는 것은 불가능하다.

01. ①

㉠~㉢의 논증을 전제와 결론으로 나누어 기호로 표현하고 분석한다.

㉡

> 전제 1: 합리 → 논리 ≡ ~논리 → ~합리
> 전제 2: 동물 → ~논리 ≡ 논리 → ~동물
> 결론: 동물 → ~합리

전제 2에 의해 '동물 → ~논리'이고 전제 1의 대우명제에 의해 '~논리 → ~합리'이므로 두 명제를 연결하여 '동물 → ~합리'를 도출할 수 있다.

오답풀이

㉠

> 전제 1: 회의 → ~진리
> 전제 2: 실존 → ~진리
> 결론: 회의 ∧ 실존

전제 1 '회의 → ~진리'와 전제 2 '실존 → ~진리'의 후건이 '~진리'로 일치하지만 이를 통해 각 명제의 전건인 '회의'와 '실존'의 교집합이 반드시 존재한다는 결론, 즉 '회의 ∧ 실존'을 도출할 수는 없다.

㉢

> 전제 1: ~(윤리 → 보편)
>   ≡ ~(~윤리 ∨ 보편) ≡ 윤리 ∧ ~보편
> 전제 2: 윤리 ∧ 사회
> 결론: ~보편 ∧ 사회

전제 1에 의해 '윤리 ∧ ~보편'이고 전제 2에 의해 '윤리 ∧ 사회'이지만 이를 통해 '~보편 ∧ 사회'를 도출하는 것은 불가능하다. '윤리'와 '~보편'의 교집합이 존재하고 '윤리'와 '사회'의 교집합이 존재한다고 해서 '~보편'과 '~사회'의 교집합이 반드시 존재하는 것이 아니기 때문이다.

02. ①

주어진 조건에 따라 표를 그려가며 해결한다.

- A는 스마트폰과 태블릿을 맡지 않는다.

	스마트폰	태블릿	노트북	데스크톱
A	×	×		
B				
C				
D				

- C가 데스크톱을 맡으면 A는 스마트폰을 맡는다.
  ≡ A가 스마트폰을 맡지 않으면 C는 데스크톱을 맡지 않는다.

	스마트폰	태블릿	노트북	데스크톱
A	×	×		
B				
C				×
D				

- B는 노트북을 맡는다.

	스마트폰	태블릿	노트북	데스크톱
A	×	×	×	○
B	×	×	○	×
C			×	×
D			×	×

- A가 데스크톱을 맡으면 D는 스마트폰을 맡지 않는다.

	스마트폰	태블릿	노트북	데스크톱
A	×	×	×	○
B	×	×	○	×
C	○	×	×	×
D	×	○	×	×

따라서 C가 테스트할 기기는 "스마트폰"이다.

03. ②

주어진 명제를 모두 기호화해서 나타내면 다음과 같다.

> ○ ~식용유 ∨ ~소금
> ○ (된장국 ∨ 김치찌개) → 식용유
>   ≡ ~식용유 → (~된장국 ∧ ~김치찌개)
> ○ ~(~된장국 ∧ ~미역국) ≡ 된장국 ∨ 미역국
> ○ ~미역국

네 번째 조건에 의해 '~미역국'이고 세 번째 조건에 의해 '된장국 ∨ 미역국'이므로 '된장국'이 도출된다. '된장국'이면 두 번째 조건의 전건 '된장국 ∨ 김치찌개'가 참이므로 두 번째 조건 '(된장국 ∨ 김치찌개) → 식용유'에 의해 '식용유'가 도출된다. 첫 번째 조건에 의해 '~식용유 ∨ ~소금'이므로 '~소금'이 도출된다.

04. ②

㉠~㉢의 논증을 전제와 결론으로 나누어 기호로 표현하고 분석한다.

㉢

전제 1	~(도서관 ∧ ~조용) ≡ ~도서관 ∨ 조용 ≡ 도서관 → 조용
전제 2	서울 ∧ 도서관
결론	서울 ∧ 조용

전제 1에 의해 '도서관 → 조용'이고 전제 2에 의해 '서울 ∧ 도서관'이므로 '도서관'을 매개항으로 하여 '서울 ∧ 조용'을 도출할 수 있다. 공통되는 매개항 '도서관'이 전칭명제(전제 1)의 주어에 있기 때문이다.

따라서 전제가 참일 때 결론이 반드시 참인 논증은 ㉢이다.

오답풀이

㉠

전제 1	~합리 → ~의사 ≡ 의사 → 합리
전제 2	엔지니어 ∧ 합리
결론	엔지니어 ∧ 의사

전제 1의 대우명제에 의해 '의사 → 합리'이고 전제 2에 의해 '엔지니어 ∧ 합리'이긴 하지만 매개항인 '합리'가 전제 1의 대우명제(전칭)의 서술어에 있기 때문에 전제 1과 전제 2를 통해 '엔지니어 ∧ 의사'를 도출할 수 없다.

㉡

전제 1	예술가 → 감성 ≡ ~감성 → ~예술가
전제 2	~감성 → ~상상력 ≡ 상상력 → 감성
결론	예술가 → 상상력

전제 1 '예술가 → 감성'과 전제 2의 대우명제 '상상력 → 감성'에서 공통되는 매개항이 '감성'으로 일치하긴 하지만 이 두 명제를 통해 어떠한 결론을 도출할 수 없다. 둘을 연결 지을 수 있으려면 전제 2의 대우 명제 '감성'이 전칭 명제의 주어에 있었어야 했다. 따라서 이 두 명제를 연결하여 결론을 도출하는 것 자체가 불가능하므로 '예술가 → 상상력'을 도출하는 것은 불가능하다.

05. ②

㉠~㉣을 기호를 이용하여 나타내면 다음과 같다.

> ㉠ (도쿄 ∧ ~오키나와) ∨ (~도쿄 ∧ 오키나와)
> ㉡ 3개 이상의 도시 방문
> ㉢ (교토 ∨ 나고야) → ~오사카
>   ≡ 오사카 → (~교토 ∧ ~나고야)
> ㉣ 도쿄 → 교토 ≡ ~교토 → ~도쿄
> ㉤ ~오사카 → ~오키나와 ≡ 오키나와 → 오사카

먼저 ㉠에 따라 경우의 수를 나눈다.

Case 1 도쿄를 방문하고 오키나와를 방문하지 않는 경우
(도쿄 ∧ ~오키나와)

'도쿄'이고 ㉣에 의해 '도쿄 → 교토'이므로 '교토'가 도출된다. ㉢에 의해 '(교토 ∨ 나고야) → ~오사카'인데 전건 '교토 ∨ 나고야'가 충족되었으므로 '~오사카'가 도출된다. 이미 '~오키나와', '~오사카'이므로 ㉡을 만족하기 위해서는 나고야를 방문해야 한다. 따라서 이 경우 예린이가 방문할 도시는 "도쿄, 교토, 나고야"이다.

Case 2 도쿄를 방문하지 않고 오키나와를 방문하는 경우
(~도쿄 ∧ 오키나와)

'오키나와'이고 ㉤의 대우명제에 의해 '오키나와 → 오사카'이므로 '오사카'가 도출된다. ㉢의 대우명제에 의해 '오사카 → (~교토 ∧ ~나고야)'이므로 '~교토 ∧ ~나고야'가 도출된다. 따라서 이 경우 예린이가 방문할 도시는 오키나와, 오사카인데 이 경우는 3개 이상의 도시를 방문해야 한다는 ㉡에 위배되므로 기각된다.

결론적으로 경완이가 방문할 도시는 "도쿄, 교토, 나고야"이다.

06. ③

주어진 조건을 기호화해서 나타내면 다음과 같다:

```
전제 1 : ~X → ~Y ≡ Y → X
전제 2 : (Y ∧ ~Z) ∨ (~Y ∧ Z)
전제 3 : ~W → ~Z ≡ Z → W
전제 4 : [_____] ~W
―――――――――――――――――――――――――――――
결론 : X
```

결론인 'X'를 도출하기 위해서는 전제 1의 대우명제의 전건인 'Y'가 필요하다. '~W'가 추가되면 전제 3에 의해 '~Z'가 도출되고 전제 2에 의해 'Y'가 도출된다. 따라서 전제 1의 대우명제에 의해 'X'를 도출할 수 있다.

오답풀이

① 'Z → ~Y'를 추가하면 이를 비롯해 전제 1, 2, 3을 모두 활용할 수 없다.
② '~Y'가 추가되면 전제 2에 의해 'Z'를 도출할 수 있고 전제 3에 의해 'W'를 도출할 수 있다. 하지만 이를 통해 'X'를 도출하는 것은 불가능하다.
④ 'Z'가 추가되면 전제 2에 의해 '~Y'를 도출할 수 있고, 전제 3에 의해 'W'를 도출할 수 있다. 하지만 이를 통해 X를 도출하는 것은 불가능하다.

07. ③

㉠~㉤을 기호를 이용하여 나타내면 다음과 같다.

```
㉠ 운동선수 → 건강함
    ≡ ~건강함 → ~운동선수
㉡ 건강함 ∧ 마라톤 참가
㉢ ~건강함 ∧ 마라톤 참가
㉣ ~규칙적 운동 → ~건강함
    ≡ 건강함 → 규칙적 운동
㉤ ~(규칙적 운동 → 마라톤 참가)
    ≡ ~(~규칙적 운동 ∨ 마라톤 참가)
    ≡ 규칙적 운동 ∧ ~마라톤 참가
```

가. ㉣에 의해 '~규칙적 운동 → ~건강함'이고 ㉠의 대우명제에 의해 '~건강함 → ~운동선수'이므로 '~규칙적 운동 → ~운동선수'를 도출할 수 있다. 따라서 규칙적으로 운동하지 않는 모든 사람은 운동선수가 아니다.
나. ㉡에 의해 '건강함 ∧ 마라톤 참가'이고 ㉣의 대우명제에 의해 '건강함 → 규칙적 운동'이므로 '마라톤 참가 ∧ 규칙적 운동'을 도출할 수 있다.

오답풀이

다. ㉢에 의해 '~건강함 ∧ 마라톤 참가'이고 ㉣에 의해 '~규칙적 운동 → ~건강함'이지만 매개항인 '~건강함'이 ㉣의 후건에 있으므로 연결하여 '~규칙적 운동 ∧ 마라톤 참가'를 도출할 수 없다.

7회 해설

p.124

01. ④

조건에 따라 표를 그려가며 해결한다. 확실한 정보부터 표에 표시하면서 찾는다. 조건을 순서대로 따라가기보다는 확실한 정보를 주는 조건부터 시작해서 그 조건과 연계되는 조건을 따라가는 순서로 표에 표시하며 찾아간다.

○ A는 요가와 요리 활동을 선택하지 않는다.

	하이킹	요가	사진 촬영	요리
A		×		×
B				
C				
D				

○ C는 요리 활동을 선택한다.

	하이킹	요가	사진 촬영	요리
A		×		×
B				×
C	×	×	×	○
D				×

○ B 또는 D가 사진촬영을 선택하지 않으면 A는 요리 활동을 선택한다.
: 대우명제는 'A가 요리 활동을 선택하지 않으면 B와 D는 사진 촬영을 선택한다.'이다. 첫 번째 조건에 의해 A는 요리 활동을 선택하지 않았으므로 B와 D는 사진 촬영을 선택한다.

	하이킹	요가	사진 촬영	요리
A		×		×
B			○	×
C	×	×	×	○
D			○	×

○ C가 하이킹을 선택하지 않으면 A는 하이킹을 선택한다.

	하이킹	요가	사진 촬영	요리
A	○	×	×	×
B	×		○	×
C	×	×	×	○
D	×	×	○	×

결론: C 요리, A 하이킹, B 사진 촬영, D 사진 촬영

따라서 주어진 조건을 통해 요가를 선택한 직원은 아무도 없다는 것을 알 수 있으므로 내릴 수 있는 결론으로 적절하지 않은 것은 ④이다.

오답풀이

① 요가는 아무도 선택하지 않았다. 따라서 아무도 선택하지 않은 활동이 존재한다.
② A는 하이킹을 선택했으므로 사진 촬영을 선택하지 않았다.
③ B와 D는 사진 촬영을 선택했으므로 사진 촬영은 두 명 이상의 직원이 선택한 활동이다.

02. ③

(1) 좋은 의도가 있다고 해서 반드시 갈등을 해결할 수 있는 것은 아니다.

> ≡ ~(좋은 의도 → 갈등 해결)
> ≡ 좋은 의도는 갈등 해결의 충분조건이 아니다.
> ≡ 갈등 해결은 좋은 의도의 필요조건이 아니다.

(2) 이는 갈등 해결을 위해서는 대화 방식과 문제 접근 방식에 모두 변화를 줄 필요가 있다는 것을 시사한다.

> ≡ 갈등 해결 → (대화 방식 변화 ∧ 문제 접근 방식 변화)
> ≡ 대화 방식의 변화와 문제 접근 방식의 변화는 갈등 해결의 필요조건이다.
> ≡ 갈등 해결은 대화 방식 변화와 문제 접근 방식 변화의 충분조건이다.

(2)에 의해 갈등 해결은 대화 방식 변화와 문제 접근 방식 변화의 충분조건이다.

오답풀이

① (2)에 의해 대화 방식 변화"와" 문제 접근 방식 변화가 갈등 해결의 필요조건이다. 이 선지에서 "또는"이라는 표현이 있기 때문에 이 선지는 적절하지 않다.
② (1)과 (2)에 의해 대화 방식 변화는 좋은 의도의 필요조건이라고 할 수 없다.
④ (1)에 의해 좋은 의도는 갈등 해결의 충분조건이 아니다.

03. ②

주어진 명제를 모두 기호화해서 나타내면 다음과 같다.

> ○ 택시
> ○ (~콜라 ∨ 밀크티) → 커피 ≡ ~커피 → (콜라 ∧ ~밀크티)
> ○ 지하철 ∨ ~커피
> ○ 지하철 → (~택시 ∧ 버스) ≡ (택시 ∨ ~버스) → ~지하철

첫 번째 조건에 의해 '택시'이므로 네 번째 조건의 대우명제의 전건 '택시 ∨ ~버스'가 참이 되어 '~지하철'이 도출된다. 세 번째 조건에 의해 '지하철 ∨ ~커피'이므로 '~커피'가 도출된다. 두 번째 조건의 대우명제에 의해 '~커피 → (콜라 ∧ ~밀크티)'이므로 '콜라 ∧ ~밀크티'이다. 결론을 내면 '택시, ~지하철, ~커피, 콜라, ~밀크티'이다.

오답풀이

① 하늘이는 콜라를 마셨으므로 적절하지 않다.
③ 하늘이는 밀크티를 마시지 않았으므로 적절하지 않다.
④ 하늘이는 지하철이 타지 않은 것은 맞지만 밀크티를 마시지 않았으므로 적절하지 않다.

04. ④

㉠~㉢의 논증을 전제와 결론으로 나누어 기호로 표현하고 분석한다.

㉡

전제 1	~(효과적 ∧ ~사회통합) ≡ ~효과적 ∨ 사회통합 ≡ 효과적 → 사회통합
전제 2	평생교육 ∧ 효과적
결론	사회통합 ∧ 평생교육

전제 1에 의해 '효과적 → 사회통합'이고 전제 2에 의해 '평생교육 ∧ 효과적'이므로 '효과적'을 매개항으로 하여 '사회통합 ∧ 평생교육'을 도출할 수 있다.

㉢

전제 1	자율 주행 차량 → 정밀 센서 ≡ ~정밀 센서 → ~자율 주행 차량
전제 2	~(운송 수단 → 정밀 센서) ≡ ~(~운송 수단 ∨ 정밀 센서) ≡ 운송 수단 ∧ ~정밀 센서
결론	운송 수단 ∧ ~자율 주행 차량

전제 1의 대우명제에 의해 '~정밀 센서 → ~자율 주행 차량'이고, 전제 2에 의해 '운송 수단 ∧ ~정밀 센서'이므로, '~정밀 센서'를 매개항으로 하여 '운송 수단 ∧ ~자율 주행 차량'을 도출할 수 있다. 따라서 전제가 참일 때 결론이 반드시 참인 논증은 ㉡, ㉢이다.

오답풀이

㉠

전제 1	환경보호 → 지속가능
전제 2	재생에너지 → 지속가능
결론	재생에너지 ∧ 환경보호

전제 1 '환경보호 → 지속가능'과 전제 2 '재생에너지 → 지속가능'의 후건이 '지속가능'으로 일치하지만 이를 통해 각 명제의 전건인 '환경보호'와 '재생에너지'의 교집합이 반드시 존재한다는 결론, 즉 '재생에너지 ∧ 환경보호'를 도출하는 것은 불가능하다.

05. ③

㉠~㉣을 기호로 나타내면 다음과 같다.

> ㉠ (경남 ∧ ~충남) ∨ (~경남 ∧ 충남)
> ㉡ (전북 ∨ 강원) → ~경남 ≡ 경남 → (~전북 ∧ ~강원)
> ㉢ 경남 → 충북 ≡ ~충북 → ~경남
> ㉣ 충남 → (~전북 ∧ ~충북) ≡ (전북 ∨ 충북) → ~충남

먼저 ㉠에 따라 경우의 수를 나눈다.

Case 1 경남 지역이 예산을 받고 충남 지역은 예산을 받지 못하는 경우 (경남 ∧ ~충남)

'경남'이고 ㉡의 대우명제 '경남 → (~전북 ∧ ~강원)'에 의해 '~전북'과 '~강원'이 도출된다. ㉢에 의해 '경남 → 충북'이므로 '충북'이 도출된다. 따라서 이 경우 예산을 받는 지역은 (경남, 충북)이다.

Case 2 경남 지역이 예산을 받지 못하고 충남 지역이 예산을 받는 경우 (~경남 ∧ 충남)

'충남'이고 ㉣에 의해 '충남 → (~전북 ∧ ~충북)'이므로 '~전북'과 '~충북'이 도출된다. 강원 지역의 예산 수령 여부는 조건만으로 결정할 수 없으나 문제에서 두 개 이상의 지역에 예산을 지원한다고 했으므로, 강원 지역은 반드시 예산을 받아야 한다. 따라서 이 경우 예산을 받는 지역은 (충남, 강원)이다.

결론적으로, **Case 1** 과 **Case 2** 모두에서 전북 지역은 예산을 받지 않는다.

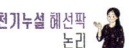

오답풀이

① Case 1 에서 충남 지역은 예산을 받지 못하므로 충남 지역이 예산을 받는다고 단정할 수 없다.
② Case 2 에서 (충남, 강원)이 예산을 받는 것이 가능하므로 경남 지역과 충북 지역이 예산을 받는다는 진술은 항상 참이라고 할 수 없다.
④ Case 1 Case 2 모두에서 예산을 받는 지역은 2개이므로 세 개 지역이 예산을 받는다는 진술은 항상 거짓이다.

06. ①

주어진 조건에 따라 표를 그려가며 해결한다.

• A는 배드민턴을 선택한다.

	축구	농구	배드민턴	탁구
A			○	
B				
C				

• B가 축구 또는 농구를 선택하면 A는 배드민턴을 선택하지 않는다.
  ≡ A가 배드민턴을 선택하면 B는 축구와 농구를 선택하지 않는다.

	축구	농구	배드민턴	탁구
A			○	
B	×	×	○	○
C				

• A, B, C 모두가 선택한 운동 종목은 없다.

	축구	농구	배드민턴	탁구
A			○	
B	×	×	○	○
C			×	

• C가 축구를 선택한다면 B는 탁구를 선택하지 않는다.
  ≡ B가 탁구를 선택한다면 C는 축구를 선택하지 않는다.

	축구	농구	배드민턴	탁구
A			○	
B	×	×	○	○
C	×	○	×	○

따라서 C가 선택할 운동 종목은 "농구, 탁구"이다.

07. ③

주어진 명제를 모두 기호화해서 나타내면 다음과 같다.

○ 아메리카노 ∨ ~쿠키
○ ~낮잠 ∨ ~아메리카노
○ ~쿠키 → ~케이크 ≡ 케이크 → 쿠키
○ 케이크

네 번째 조건에 의해 '케이크'이고 세 번째 조건의 대우명제에 의해 '케이크 → 쿠키'이므로 '쿠키'가 도출된다. 첫 번째 조건에 의해 '아메리카노 ∨ ~쿠키'이므로 '아메리카노'가 도출된다. 마지막으로 두 번째 조건에 의해 '~낮잠 ∨ ~아메리카노'이므로 '~낮잠'이 도출된다. 따라서 진희는 쿠키를 먹고, 아메리카노를 마시며, 낮잠을 자지 않는다.

박혜선

주요 약력
고려대학교 국어국문학과 최우수 수석 졸업
고려대학교 국어국문학과 심화 전공
고려대학교 국어국문학과 중등학교 정교사 2급 자격증
前) 대치, 반포 산에듀 온라인 오프라인 최연소 대표 강사
現) 박문각 공무원 국어 1타 강사

주요 저서
2026 박문각 공무원 박혜선 국어 기본서 출좋포 문법·어휘
2026 박문각 공무원 박혜선 국어 기본서 출좋포 독해·논리
2026 박문각 공무원 박혜선 국어 족집게 문법 40 포인트
2026 박문각 공무원 박혜선 국어 천기누설 혜선팍 논리
2026 박문각 공무원 박혜선 국어 천기누설 혜선팍 독해 시즌1
2025 박문각 공무원 박혜선 국어 독해 신유형 공부(독해신공)
2025 박문각 공무원 박혜선 국어 출좋포 독해·문학
2025 박문각 공무원 박혜선 국어 천기누설 혜선팍 세트형 독해+어휘
2025 박문각 공무원 박혜선 국어 적중용 콤단문 문법(콤팩트한 단원별 문제풀이)
2025 박문각 공무원 박혜선 국어 적중동형 국가직·지방직 봉투모의고사 Vol.1
2025 박문각 공무원 박혜선 국어 적중동형 봉투모의고사 Vol.2
2025 박문각 공무원 박혜선 국어 족집게 적중노트
2024 박문각 공무원 박혜선 국어 기본서 출좋포 어휘·한자
2024 박문각 공무원 박혜선 국어 개념도 새기는 기출 문법
2024 박문각 공무원 박혜선 국어 개념도 새기는 기출 문학&독해
박문각 공무원 박혜선 국어 최단기간 어문 규정
박문각 공무원 박혜선 국어 최단기간 고전 운문
박문각 공무원 박혜선 국어 문법 출·좋·포 80

박혜선 국어
천기누설 혜선팍 논리

초판 인쇄 2025. 9. 15. | **초판 발행** 2025. 9. 18. | **편저자** 박혜선
발행인 박 용 | **발행처** (주)박문각출판 | **등록** 2015년 4월 29일 제2019-000137호
주소 06654 서울시 서초구 효령로 283 서경 B/D 4층 | **팩스** (02)584-2927
전화 교재 문의 (02)6466-7202

저자와의
협의하에
인지생략

이 책의 무단 전재 또는 복제 행위를 금합니다.

정가 15,000원
ISBN 979-11-7519-204-1